"十四五"时期国家重点出版物出版专项规划项目

中国城乡可持续建设文库

丛书主编 孟建民 李保峰

Research on the Conservation of Settlement Heritage:
Case Study of Baiyangdian in Xiong'an New Area

聚落遗产保护研究
以雄安新区白洋淀为例

贺鼎 著

中国·武汉

图书在版编目（CIP）数据

聚落遗产保护研究：以雄安新区白洋淀为例 / 贺鼎著. — 武汉：华中科技大学出版社，2024.6.
（中国城乡可持续建设文库）. — ISBN 978-7-5772-0937-1

Ⅰ. K292.24

中国国家版本馆CIP数据核字第2024P7J691号

聚落遗产保护研究：以雄安新区白洋淀为例

贺鼎 著

Juluo Yichan Baohu Yanjiu: yi Xiong'an Xinqu Baiyangdian Wei Li

出版发行：	华中科技大学出版社（中国·武汉）	电话：（027）81321913
地　　址：	武汉市东湖新技术开发区华工科技园	邮编：430223

策划编辑：	贺　晴	封面设计：王　娜
责任编辑：	赵　萌	责任监印：朱　玢

印　　刷：	武汉精一佳印刷有限公司
开　　本：	710mm×1000mm　1/16
印　　张：	11
字　　数：	183千字
版　　次：	2024年6月第1版　第1次印刷
定　　价：	98.00元

投稿邮箱：heq@hustp.com
本书若有印装质量问题，请向出版社营销中心调换
全国免费服务热线：400-6679-118 竭诚为您服务
版权所有　侵权必究

内容简介

聚落遗产包括历史城镇、历史村落等人类生活聚居地。不同于"纪念物"，聚落遗产是不断生长变化的活态遗产类型，是文化可持续发展的重要内容和串联其他各类遗产的结构性遗产资源。在漫长的历史发展过程中，白洋淀地区以其独特的水环境为基础，在水利营建、军事活动、移民屯垦等多重历史因素影响下形成了数量众多、类型丰富、价值突出的淀泊聚落遗产。在长期的人水互动之下，聚落建成区与周边水域、台田、堤坝、沟渠等环境要素共同构成了类型丰富、形态各异的白洋淀聚落文化景观。笔者在收集、耙梳白洋淀历史图档、文献志书等的基础上，结合遥感影像数据和现场实地调研，对白洋淀聚落历史演变、景观结构、聚落格局与形态类型进行系统分析。在此基础上，本书归纳聚落遗产要素和价值内涵，构建聚落遗产定量评估技术体系，并提出相应保护策略。本研究聚焦学术界较少关注的中国北方淀泊聚落，建构水相关聚落遗产评估与保护技术体系，为雄安新区建设过程中聚落保护与可持续发展提供科学依据。

Settlement heritage includes historical towns, historical villages, and other areas of human habitation. Unlike monuments, settlement heritage is a type of living heritage that undergoes continuous evolution and change, representing an important aspect of cultural sustainable development and linking other forms of heritage as structural heritage resources. Due to its unique water environment, the Baiyangdian region has formed numerous, diverse and valuable water settlement heritage sites, influenced by various historical factors, such as water conservancy construction, military activities, immigration, and reclamation. Through long-term interaction between humans and water, the built-up areas of settlements, along with surrounding water areas, terraced fields, dikes, canals, and other environmental elements, constitute Baiyangdian's diverse settlement cultural landscape. Based on the analysis of historical maps, literature, and records related to Baiyangdian, combined with remote sensing data and on-site surveys, this book systematically analyzes the historical evolution, landscape structure, settlement layout, and morphological types of Baiyangdian settlements. On this basis, the book summarizes the elements and value connotations of settlement heritage, constructs a quantitative evaluation technical system for settlement heritage, and proposes corresponding protection strategies. This study focuses on the rarely addressed waterfront settlements in northern China and presents a technical system for the assessment and protection of water-related settlement heritage, thereby providing a scientific basis for the protection and sustainable development of settlements throughout the construction of the Xiong'an New Area.

序

雄安新区的设立旨在疏解北京市的非首都功能，成为京津冀协同发展的引领性国家战略。这一举措不仅意味着对整个区域经济和社会结构的深刻调整，更标志着未来将有以雄安新区为核心的重大国家战略的实施，涵盖国家尺度的发展变革。而白洋淀在雄安新区的整体规划中占据着特殊的战略地位。作为城市生态格局的主要载体，白洋淀将通过其独特的水域环境，为雄安新区的可持续发展奠定坚实基础。白洋淀地区将不仅是城市化的见证者，更是城市化进程中新的活力和创新的源泉。这一发展契机将吸引大量资源投入，激发创新潜能，推动雄安新区成为京津冀协同发展的新引擎。

雄安新区作为京津冀协同发展的战略着眼点，其建设面临着白洋淀聚落遗产科学评估和可持续发展的双重挑战。2018年以来，北京建筑大学受雄安新区政府委托，进行《河北雄安新区"记得住乡愁"专项规划（2020—2035年）》和《河北雄安新区乡愁遗产白皮书》的编制，并继续承担"雄安新区乡愁遗产认定标准""雄安新区'记得住乡愁'保护工作规则"等课题的编制任务，相关成果被政府采纳。雄安新区未来的发展将在深度融合历史文化与现代城市建设中找到平衡，使得城市发展不仅是现代化的象征，更是对传统文化的尊重和继承。

白洋淀地区的聚落遗产不仅是一处地方性的文化遗产，更是中国北方"沮洳之地"聚落类型的重要样本，其遗产评估与保护技术体系对于全国范围内水相关聚落遗产的传承与保护具有重要价值。白洋淀的聚落遗产作为活态遗产类型，承载着几千年人水交融的地域文化,春秋战国时期的战略城池、宋辽时期的生产型聚落、明清时期的大规模移民和水利营建活动,这些历史因素彼此叠加,构成了理解今天白洋淀历史文化的关键。

在这一背景下,本书试图从聚落遗产体系的系统性研究入手,通过多层次、多维度的数据收集,采用定量与定性研究相结合的方式,探索聚落遗产的形成与发展过程,尝试建立聚落遗产价值评估体系,为聚落遗产的系统分析提供科学依据。首先,追溯聚落遗产保护的学术史,从而厘清北方淀泊聚落的独特性与研究价值,并指出洼淀聚落的历史经验对当代水利建设与管理的潜在价值,为后续研究提供了理论背景。随后,作者深入研究白洋淀地区的人水互动机制,将白洋淀历史分为不同阶段,系统分析聚落演变过程,揭示人水互动的演变机制。通过对聚落景观的总体空间结构、地形地貌与聚落空间分布的综合研究,揭示聚落高程分布、规模特征,以及聚落经济类型与空间分布的关系,为理解聚落空间格局提供了定量依据。之后,作者深入研究历史城市聚落格局与乡村聚落形态,从人水互动的视角分析聚落形态的影响因素。在此基础上,详细探讨白洋淀聚落遗产的构成要素,分析白洋淀聚落遗产的价值内涵,构建相应的遗产评估体系,为科学评价聚落遗产价值提供理论框架,并在区域、聚落和单体层面提出多层次的遗产保护策略。

本书不仅对北方淀泊聚落遗产价值进行了充分挖掘,还为水相关聚落遗产的保护工作提供了有益借鉴,而且对于推动雄安新区的可持续发展、保护丰富的文化遗产具有重要意义,使得读者能够深入了解白洋淀聚落遗产的历史演变、景观结构、聚落格局及价值评估与保护策略等诸多方面的关键问题。这本书是聚落遗产保护领域的重要作品,希望本书的出版能够给聚落遗产保护领域的专业人士提供借鉴与参考。

自序

2017年4月1日，中共中央、国务院决定设立河北雄安新区。这是以疏解北京非首都功能为"牛鼻子"推动京津冀协同发展的重大国家战略，是千年大计、国家大事。位于雄安新区规划范围内的白洋淀是构建雄安新区蓝绿交织、水城共融的生态城市格局的重要载体。以此为契机，地处雄安新区的白洋淀地区将迎来前所未有的快速城镇化过程。

白洋淀地区有着华北平原少有的以湿地为主的生态景观，其独特的地势地貌以及水环境造就了当地独特的传统聚落文化和丰富多彩的聚落遗产，这带来了如何系统评估白洋淀文化遗产资源，以及如何科学、合理地保护、利用和传承白洋淀文化遗产等诸多问题。针对这一现状，白洋淀地区已经开展了一系列生态治理与文化遗产保护工作，并取得了积极的效果。

2018年以来，北京建筑大学受雄安新区政府委托，成立相关课题组做遗产保护调查及规划编制工作。从乡愁遗产保护与文化传承角度入手，课题组多次赴雄安新区深入调研，对相关文化遗产展开普查与保护工作，对散布于新区三县大街小巷、田野村舍的几千项乡愁遗产（包括老式建筑、老树名木、遗址墓葬等物质类遗存以及传统美术、传统技艺、传统医药、口头文学、传统音乐、传统舞蹈、传统戏曲、曲艺等非物质类遗存）进行登记造册和评级认定，然后根据不同的等级采取不同的保护、传承和利用策略。

在调查研究过程中，笔者深感白洋淀文化遗产历史底蕴之深厚、保护需求之急迫，特别是其中的聚落遗产作为不断生长变化的活态遗产类型，是文化可持续发展的重要内容和串联其他各类遗产的结构性遗产资源。在人水关系视角下，对白洋淀聚落遗产体系展开系统性研究具有重要的理论与现实意义。

白洋淀地区有明确记载的聚落建设历史可以追溯至周代。几千年来，受淀区水域变化和政治、军事等因素的影响，该地区聚落不断演替。春秋战国时期，白洋淀地处燕南赵北，具有较高的军事价值，催生了第一批具有战略功能的城池；后宋辽时期，白洋淀作为塘泺防线的一部分，出于屯兵营田的目的形成了众多生产型聚落；时至明清，由官方组织的大规模移民和水利营建活动更是将该地区的聚落建设发展推至顶峰。

在漫长的自然地理变迁过程中，在军事、经济因素的推动下，白洋淀所在区域诞生了众多聚落，并不断发展、演化。春秋战国时期燕长城的建立为白洋淀最早的堤防系统打下基础，后随着时间的推移，新安北堤、四门堤、千里堤、淀南新堤不断建立、重修并最终连成一体，形成该地区完整的堤防体系。随着水域的逐渐可控，台田、淀泊等环境要素在居民的改造下发生着分布与形态上的变化，依此而开展的各种生产活动逐渐成熟，并衍生出了各种建筑风格与民间风俗。

上述聚落、堤坝、台田与淀泊等环境要素均蕴含了该地区数千年人水交融的地域文化，是雄安新区的重要文化资源。无论是宏观层面的聚落分布与淀区空间结构、中观层面的聚落形态与聚落环境要素，还是微观层面的传统民居建筑，都是延续该地区文脉不可或缺的物质载体。据此，对这些聚落遗产做出科学客观的价值评估，系统发掘其文化价值，形成分等级、有重点的遗产保护体系，是雄安新区城市建设过程中亟须完成的工作，也是"把将论文写在祖国大地上"未竟学术事业的一个开始。

致谢

衷心感谢我的导师张杰教授对我的鞭策和支持，我对聚落遗产的研究兴趣和学术积累始于读博时他对我的引导。衷心感谢哈佛大学人类学系 Michael Herzfeld 教授对我的启发，他在遗产研究中的人类学视角，常常将我引向新的发现。

衷心感谢北京建筑大学张大玉教授、中国艺术研究院田林教授。对白洋淀聚落的调查研究，始于北京建筑大学承担的雄安新区"记得住乡愁"遗产专项规划，该项目为本书的调研工作开展提供了诸多支持与便利。

感谢天津大学张玉坤教授、北京工业大学杨昌鸣教授、北京建筑大学汤羽扬教授、清华同衡规划设计研究院霍晓卫副院长，他们在多次研究讨论中提出宝贵的意见与建议。

感谢刘浩、田炳辉、刘贺军等白洋淀文史专家以及白洋淀淀区居民，他们对白洋淀的热爱深深地感染着我；衷心感谢北京建筑大学马全宝、成慧祯老师，他们在实际调研工作中给予的支持，对本书帮助很大。

感谢北京建筑大学王紫琦、秦学颖、尚君慧、胡萍、郑淳之、石欣玥、侯晓萱等诸位研究生、本科生同学在实地调研和图表制作中的支持，特别是窦晗天、陈文婷同学在初稿写作和修改完善过程中付出了很大的努力。

本课题承蒙北京市社科基金对"雄安新区设立背景下白洋淀聚落空间形态与保护策略研究"项目的资助，特此致谢。

课题资助

北京市社会科学基金项目"雄安新区设立背景下白洋淀聚落空间形态与保护策略研究"（18YTC019）

北京未来城市设计高精尖创新中心资助项目"雄安新区'记得住乡愁'遗产保护白皮书编制与研究"（UDC2018020821）

北京建筑大学金字塔人才培养工程"雄安新区白洋淀传统聚落可持续发展研究"（JDYC20200301）

北京市属高校基本科研业务费项目（科研创新专项）"北方典型洼淀聚落遗产保护与可持续发展研究——以白洋淀为例"（X18208）

目 录

1 绪论   001
    1.1 学术史中的聚落遗产保护研究   003
    1.2 北方泽国：被忽视的聚落对象   005
    1.3 白洋淀：传统水管理与聚落营建的典型区域   009
    1.4 洼淀聚落遗产的历史经验与启示   010
    1.5 本书的安排   013

2 白洋淀人水关系与聚落时空演变   015
    2.1 宋代以前：早期防御型城市体系   019
    2.2 宋元时期：塘泺防线与聚落体系   023
    2.3 明清时期：京畿水利聚落体系   027
    2.4 聚落演变过程和人水互动机制   032

3 白洋淀聚落景观结构与空间分布   037
    3.1 聚落景观的总体空间结构   038
    3.2 地形地貌与聚落空间分布   044
    3.3 聚落高程与规模特征   050

4 白洋淀城乡聚落格局与影响因素   053
    4.1 城市聚落的城郭、格局与水系   054
    4.2 乡村聚落的形态类型与街巷格局   058
    4.3 影响因素：人水互动的视角   068

5 白洋淀聚落遗产构成要素 077
5.1 自然环境与产业景观 079
5.2 居住遗址、古建筑与传统聚落 085
5.3 水利、航运与行宫遗址 094
5.4 其他构成要素 104

6 白洋淀聚落遗产价值评估体系 107
6.1 白洋淀聚落遗产价值内涵 108
6.2 白洋淀聚落遗产价值评估指标与样本的选取 116
6.3 白洋淀聚落遗产价值评估方法 119

7 白洋淀聚落遗产保护策略 127
7.1 区域层面保护策略：类型体系、遗产廊道与生态环境 128
7.2 聚落层面保护策略：环境与格局 132
7.3 单体层面保护策略：民居建筑 135

8 展望 139
8.1 传统营建智慧与营造技艺的传承 140
8.2 蓝绿空间的系统性营造 142
8.3 遗产网络的整体性构建 143

参考文献 145

附 录 154

Contents

Chapter I Introduction / 001

    1.1 Research on the Conservation of Settlement Heritage in Academic History / 003

    1.2 Research Subjects: Water-Related Settlements in Northern China / 005

    1.3 Baiyangdian: A Typical Area of Traditional Water Management and Settlement Construction / 009

    1.4 Historical Experiences and Implications of the Chinese Waterfront Settlements Heritage / 010

    1.5 Arrangement of the Book / 013

Chapter II Spatial and Temporal Evolution of Settlements and Human-Water Relations in Baiyangdian / 015

    2.1 Pre-Song Dynasty: Early Defensive City System / 019

    2.2 The Song and Yuan Dynasties: Defensive Water and Settlement System / 023

    2.3 The Ming and Qing Dynasties: Water Conservancy Settlement System Around the Capital / 027

    2.4 Settlement Evolution Processes and Human-Water Interaction Mechanisms / 032

Chapter III Landscape Structure and Spatial Distribution of Baiyangdian Settlements / 037

    3.1 General Spatial Structure of the Settlement Landscape / 038

    3.2 Topography and Spatial Distribution of Settlements / 044

    3.3 Settlement Elevation Distribution and Scale Characteristics / 050

Chapter IV Patterns of Urban and Rural Settlements in Baiyangdian and Influence Factors / 053

    4.1 City Boundaries, Patterns and Water Systems in Urban Settlements / 054

    4.2 Morphological Types and Street Patterns of Rural Settlements / 058

    4.3 Influence Factors: A Human-Water Interaction Perspective /068

Chapter V Components of Baiyangdian Settlement Heritage / 077

    5.1 Natural Environment and Industrial Landscape / 079

    5.2 Residential Sites, Ancient Buildings and Traditional Settlements / 085

    5.3 Water Infrastructures, Navigation System and Imperial Palace Sites / 094

    5.4 Other Components / 104

Chapter VI   Value Assessment Research on Baiyangdian Settlement Heritage / 107

    6.1 Values of Baiyangdian Settlement Heritage / 108

    6.2 Selection of Indicators and Samples for Assessing the Heritage Value of Baiyangdian Settlement / 116

    6.3 Assessment Methods of Heritage Values of Baiyangdian Settlement / 119

Chapter VII   Heritage Conservation Strategies for Baiyangdian Settlement / 127

    7.1 Conservation Strategies at the Regional Level: Typologies, Heritage Corridors and Ecological Environments / 128

    7.2 Conservation Strategies at the Settlement Level: Environment and Patterns / 132

    7.3 Conservation Strategies at the Architectural Level: Residential Architecture / 135

Chapter VIII   Outlook / 139

    8.1 Inheritance of Traditional Building Wisdom and Construction Techniques / 140

    8.2 Systematic Creation of Blue-Green Space / 142

    8.3 Integral Construction of Heritage Network / 143

References / 145

Appendix / 154

1 绪论

公元 1679 年，在白洋淀水围的康熙皇帝驻跸赵北口行宫时，以轻松愉快的口吻记录了白洋淀的景象：

> 康熙十八年，己未暮春之初，朕万几有暇，行幸鄚州。于是惠风拂地，淑景浮空，节应佳辰，时登令月。与群臣春蒐于南浦，泛舟于河淀，庶凭欢心，以召和气。万物畅茂，顺阳和而布政；三光烛耀，赈贫乏以劝农。虽无山林台阁之趣，水村林薮有淳厚之俗，沙鸥锦鳞，互相游泳，春花野草，参差万状，观之不足。因同侍从诸臣题诗赋，鼓瑶琴，俯仰古今，飞觞饮宴。昔人横汾昆明之游，皆所以洽上下之情，同君臣之乐，岂独流连光景已哉？故记之。注①, [1]

对于康熙皇帝而言，白洋淀是一个有着独特魅力的地方。据《清圣祖实录》记载，康熙皇帝出巡畿辅 27 次，标出"巡幸畿甸"的有 19 次[2]。白洋淀之所以如此受到皇家重视，是因为它对于清王朝有着两个方面的独特意义。一方面，白洋淀是京畿水利安全的关键所在。清王朝建立后，畿南连年大水，安州、新安"九河泛溢""大水决堤""田庐漂没"的记载，不绝于书。人民难以生存，"群盗据水为巢"，直接威胁着清王朝都城的安全。另一方面，从康熙十六年（1677 年）初次"霸州水猎"到乾隆中晚期，清代帝王来白洋淀巡幸达四十余次，并于白洋淀建起赵北口、端村、郭里口、圈头四座行宫，白洋淀成为国家巡游体系的重要组成部分和清代帝王的水围驻跸所在[3]。因此，清帝的"巡幸畿甸"中包含着丰富的内容，有水围游猎之娱，更有治水营田之功。

畿甸地区，或者更确切地说，京畿周边的洼淀地区，是中国北方独特的风景地带。从战国时期到明清的 2000 多年间，在频繁的人水互动中，白洋淀形成了独特的"水村林薮""沙鸥锦鳞"之风貌。这不禁引发我们提出一系列问题。

注① 康熙《御制鄚州水淀记》，原文镌刻于赵北口广惠桥东南侧的御碑亭石碑上，因该亭以一座石制小桥为基础，故被称为"皇亭桥"，属赵北口十二连桥之一。

为什么要研究白洋淀聚落？从聚落的代表性和典型性而言，白洋淀具有怎样的独特价值与意义？事实上华北平原频繁的人水互动曾经深刻地塑造了这里的聚落空间。与我们大多数人所具有的中国北方生活经验不同，白洋淀很可能为我们提供了曾经遍布于华北平原"沮洳之地"人居环境的一个研究样本。

另一个潜在的问题是：我们应当如何认识和分析"平凡的遗产"所具有的价值内涵？不同于传统山村遍布的山陕，亦不同于市镇富集的江浙，河北省的传统村落数量、质量和保留程度在我国并不突出。而水区聚落的一大特点就在于频繁遭遇水灾，因而传统建筑的等级、规模和保留程度也颇为有限。以一般的观念来讲，白洋淀区域远非通常所说的"历史文化精华区"或"传统村落集中连片区"那般重要，但这又延伸出了另一个更复杂的问题，即关于文化遗产价值等级位序的批判[4]。从文化景观的角度来看，人类在地球上赖以生存的每一寸土地都是被文化滋养的，是人与自然复杂互动过程的历史见证者，白洋淀同样如此。对这种通常被认为"遗产价值一般"的区域进行历史文化与文化遗产研究的意义何在？这种远非"精美""夺目"的、似乎"平平无奇"的传统聚落，是否具有某种保护价值？如果有价值，这种价值应当如何被科学、定量测度？

1.1 学术史中的聚落遗产保护研究

"聚落"一词最早出现于《汉书·沟洫志》"或久无害，稍筑室宅，遂成聚落"[5]。关于聚落的内涵，《牛津地理学词典》解释为"任何形式的住所，从一座房子到一个最大的城市，都是聚落"[6]，而在《简明牛津考古学词典》中，"聚落除了包括住所以外，还包括其他相关的个人与集体设施"[7]。从广义上讲，聚落包括城市聚落和乡村聚落，是在特定的气候、地理和文化条件下，在特定区域内建成并有人类居住的人类聚居地。

不同于"纪念物"，聚落遗产是不断生长变化的活态遗产类型，是文化可持续发展的重要内容和串联其他各类遗产的结构性遗产资源。2000年以来，聚落遗产研究涉及丰富的聚落类型。从研究对象类型来看，主要有晋商传统聚落[8]、古徽州[9]、太行古道[10]、黄土丘壑区[11]、汉江流域[12]、湖南地区[13]等地域性聚落，此外还有西藏阿里地区[14]、川西北嘉绒藏族、喀什文化区等少数民族聚落。

聚落遗产保护是国内学术界长期关注的重要研究领域。国外聚落遗产的保护研究内容主要集中在保护方法[15]、聚落形态[16]、保护评价[17]等方面。国内聚落遗产保护研究有聚落空间原意呈现型保护[18]、产业驱动的乡村聚落规划对策[19]、聚落空间重构模式[20]等，特别是2022年出版的"中国传统聚落保护研究丛书"系列，对中国各省份的传统聚落进行了全面、系统的总结。

聚落遗产体系的系统性构建和整体性保护，是世界文化遗产保护的基本理念和长期趋势[21]。自《实施〈世界遗产公约〉操作指南》提出保护遗产的"完整性"以来，整体保护成为世界文化遗产保护的基本理念和长期趋势。聚落不是孤立的，聚落与环境之间、聚落与聚落之间存在着密切联系。随着聚落考古学、文化景观学和遗产保护学的发展，国际聚落遗产保护已开始重视对聚落遗产网络的保护，聚落的整体保护既包括"对单个聚落的整体保护"，也包括"对聚落群的整体保护"[22]。聚落遗产体系构建方面，国内起步于20世纪80年代的历史文化名城保护工作，形成了历史文化名城保护制度体系[23]、历史村镇保护研究体系，以及包括工业遗产、农业遗产在内的中国聚落遗产保护研究体系。具体而言，有"传统聚落及其风土遗产体系"[24]、"聚落群价值体系"[22]、"聚落群系"[25]等理论与研究角度，研究对象有长城聚落体系[26]、明代海防体系[27]、战争遗产空间体系[28]等。

其中，常青院士提出的"风土建成遗产谱系标本"概念是颇具启发性的，他提出，"聚落建筑作为风土建成遗产的第一保护对象，是城乡历史环境的栖居场所，也是民族民系身份认同和乡愁记忆的空间载体，携带着可识别的中国传统文化基因"[29]。从目前来看，聚落遗产虽然已有国家级和省级历史文化名村、中国传统村落等一系列保护名录，但"这些遗产标本只是聚落遗产中极小的一部分"，保护聚落遗产刻不容缓。

沿着这一思路，从人水互动关系入手，构建中国水相关聚落或者水敏性聚落类型谱系，是聚落遗产保护的重要组成部分。中国聚落与水系的关系，常见于早期的文献当中。成书于2000多年前的《管子》即载有："凡立国都，非于大山之下，必于广川之上，高毋近旱，而水用足，下毋近水而沟防省。"

对于水相关聚落遗产这一独特且重要类型，国内最早的为对古代城市水利、防洪和水城空间格局的研究[30-32]，以及对历史城市的水适应能力及其聚落形态开展的研究[33]。之后，学者对不同类型的水相关历史聚落开展空间形态与保护利用研究，它们包括太湖、洞庭湖流域溇港与圩区聚落[34, 35]、南方陂塘景观及其聚落[36]、平原水乡乡村聚落[37]、北方典型泉城聚落[38]、河道沿线聚落[39]、海塘和海疆聚落[40, 41]。这些区域性研究深入探索了人水互动关系的内在机理和聚落保护模式，对于水相关聚落的研究方法与保护策略制定有诸多参考价值。

1.2 北方泽国：被忽视的聚落对象

如上文所言，聚落遗产谱系构建一事"兹事体大"。历史上北方普遍存在一种见证了悠久的中华治水历史且彰显了中国传统智慧的人水互动型聚落，但它极少受到学界关注。我们通常认为，黄河、长江的流域治理活动形成了中国文明与文化的基底，对于中国国家认同、"大一统"文化的形成具有根本性作用。而位于河北的大清河水系在这方面的价值被低估了，这一区域的河流早在写作《山海经》《禹贡》时即被记录注①, [42]，战国以来数次成为国家理水活动的核心区域，战国时"燕长城"营建、宋代塘泺体系营建，以及明清京畿水治理工程，均为当时的国家级重大工程，在这一区域留下了丰富的物质文化遗产，再加上与古黄河"山经河"故道的复杂关系，这一区域见证了历史上数次河流疏浚、淤积与改道的历史，成为中国北方水聚落遗产极为复杂的研究对象之一。这种独特聚落类型的研究缺位对于中国水相关聚落谱系的构建不能不说是一种遗憾。

沿用作者曾经在相关论文中的论述方式，我们不妨将这种广泛存在于河北平原地区的水相关聚落称为"京畿洼淀聚落"[43, 44]（图1-1）。洼淀聚落是水相关

注① 谭其骧先生在《"山经"河水下游及其支流考》一文中，对于《山海经》中注入黄河水的各条支流进行逐一考证，得出燕水即《汉志》易水（今雹河，即瀑河），流过今新安县城；伦水即《汉志》涞水（今拒马河），过今容城县境。

聚落中特别具有普遍价值的一种类型,仅在河北就有洼淀和泛区34处,面积达10 933 km²,约占全省平原地区总面积的15%(河北省水文水资源勘测局,2002)。洼淀区域地处太行山东麓与渤海湾之间的河北平原,平均坡度小,地势平漫,历史上就是古湖泊纵横的沮洳之地。北魏郦道元在《水经注》中记载华北平原当时有湖泊180余处。这一区域有三个方面的气候与水文特征。第一,降水分布极不均匀,年内80%的雨量多以暴雨形式集中在六到八月的汛期内,年际差异也很大,多雨年和少雨年最大相差6.4倍[45]。第二,历史上洪涝灾害频发,由于这一区域地处太行山以东冲积平原上的低洼地带,汇水面积巨大,白洋淀周边的安州、新安、高阳、

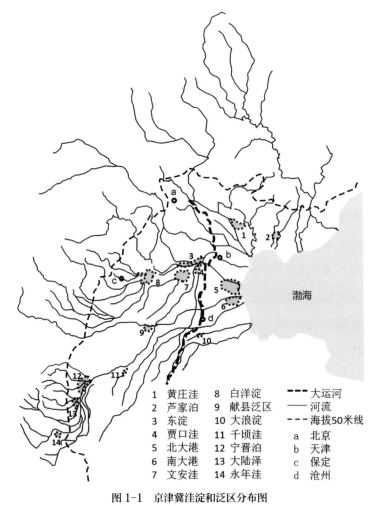

图 1-1　京津冀洼淀和泛区分布图

(图片来源:作者综合《河北水文志》《河北省地形图》等信息后自行绘制)

任丘、雄县、容城等均有"九河泛溢""大水决堤""田庐漂没""城外水深丈余"之类的记载[46]。例如，白洋淀区域在1648年到1910年间共发生洪灾74次，平均三四年就有一次严重的水灾。第三，明代以来，太行山植被破坏导致洼淀上游河流泥沙量急剧增加，河流淤塞、库容减少进一步降低了洼淀的雨洪调蓄能力，增加了洪涝灾害和建筑营造的复杂性[3]。

在通常的遗产价值等级观念中，相比于长江、大运河等河道相对固定、环境稳定、聚落耐久美观的遗产，这种洪泛区性质的水利遗产可能被认为是低价值的和次一等的。这是因为频繁的河道决溢和人类迁徙，破坏了这些地区的历史文化积淀，也影响了历史上居民对建筑与环境的投资意愿。但本书的研究将试图表明，"京畿洼淀聚落"有着复杂的历史的、自然的和文化的成因，京畿人水互动过程及其水利、聚落营建有着深厚的历史渊源和丰富的历史过程，并形成了雨洪灾害威胁下的聚落营建智慧和区域性水利遗产体系。我们仅举一图为例，日本京都大学人文科学研究所汉字情报研究中心所藏的《谨绘大清东西淀并下口河图》对此区域性淀泊水利工程的营建内容有直观的描绘注①（图1-2）。

该图描绘的地理区间，西起安州潴龙河与容城拒马河、定兴河，向东经过任丘、雄县、霸州、保定、文安、大城等府县，先汇入赵王河、白沟河、卢僧河，然后汇入玉带河、中亭河，再与大清河、子牙河等诸水汇聚于天津府，北连北运河直达京师，东出大沽口入渤海。其间11个府县治下的千里堤、周奎埝、刘郎堤、中亭堤、格淀堤、青光民埝、天津府围墙、南运河堤、子牙堤等十余处官堤、民埝、城墙纵横相连，捭阖千里，将大清河沿线的西淀（清代对今天白洋淀区域的别称）、柴火淀（柴禾淀）、五官淀、文安洼、漠漠淀、东淀、贾口洼、莲花淀、塌河淀、七里海等12个大型淀泊约束其间[47]。

注① 本图绘制年代信息残缺，作者根据图中信息推断此图基本反映了清中晚期京畿南部的主要水利情况。

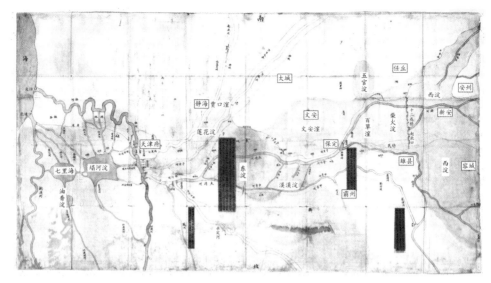

图 1-2 《谨绘大清东西淀并下口河图》[48]
（图片来源：日本京都大学人文科学研究所汉字情报研究中心藏）

结合此图和相关历史文献可知，康熙、乾隆时期的畿南水利营建取得了三个方面的成就，由此形成了兼具蓄洪、灌溉、航运功能的畿南综合水利体系，而白洋淀作为此区域的源头，在相关水利功能的建设中处于不可替代的节点地位。第一，此阶段系统性地疏浚京畿南部之水，形成了分布面积大、连通性高的淀泊河网体系，以此应对严重的直隶洪水灾害。例如，雍正二年（1724年），雍正命其弟怡亲王允祥和大学士朱轼治水。二人查勘之后，提出"治直隶水利，必自淀始"的观点。据此观点，他们疏浚、深广各淀，并开挖众多引河，使淀淀相通，升高加阔赵北口原有的八座石板桥。每桥之下，顺水开河，直贯柴禾淀，在苑家口之北新开中亭河，会苏桥三岔河于东淀。第二，建设区域性引水和拦水工程，保障畿南各淀特别是白洋淀的水位，以利于皇家水围和地方营田。例如，乾隆九年（1744年）的引唐入府工程建设，乾隆命吏部尚书刘于义、直隶总督高斌治水，他们将唐河水引入府河，在唐河渠口堤岸高处，建大石闸一座控制水量。又如，乾隆时期，由于大清河水系水量逐年减少，已不能满足水围的需要，因此需要靠区域性的水利调度来满足水围时的水位要求。"如遇水大之时，将张青口越河堵闭，尚可足用；如果水量不足，则需在白露节气之后兼闭赵北口木桥，以便关拦淀水"[49]。由此，张青口和赵北口成为节制西淀水量的重要闸口。第三，对大清河水系进行系统性航运建设。乾隆年间在金钱河、白草河的河口处各建石闸一座，并从保定新闸到安州膳马庙修闸六座以利航运。自此，保定经白洋淀至天津通航达200余年，沿线孕育了一系列以工商业闻名的水运码头市镇。

1.3 白洋淀：传统水管理与聚落营建的典型区域

在上述的京畿洼淀地区中，白洋淀具有独特的地理位置和环境基底。一方面，其地理位置重要，白洋淀上承九河，下达京津，居于天津到保定航线中段；其所在的大清河水系，串联了京畿南部一系列洼淀、河渠，又与京杭大运河相交，对京畿腹地的水利安全和航运体系的有效运转具有重要意义。另一方面，这一区域是历史洼淀区域中为数不多的高质量风景地带，是北方洼淀聚落的"活化石"。淀泊中分布着村落、台田、壕沟等，形成淀中有淀、沟壕相连、园田水面相间分布的特殊景致。其中村庄等陆地面积约占淀区面积的46.95%，水面约占53.05%[50]。白洋淀在维护地区生态环境发展方面起到重要作用。因此，本研究以白洋淀聚落为研究对象，来制作中国北方洼淀聚落的"遗产谱系标本"。

白洋淀作为淡水湖泊群本身并无明确的四至范围，而本书中所称"白洋淀"区域仍需指定一个大致的范围，本书以白洋淀水域为核心，从淀区水域向四周外扩一定距离（2~5 km），划定总面积约710 km^{2}作为研究范围。这一范围包括安新县大部分地区及雄县、容城县、任丘市部分地区。范围具体为：北界自三台镇向东至雄县县城，东界自雄县县城向南至北辛庄镇，南界自北辛庄镇向西至同口镇，西界自同口镇向北至三台镇（图1-3）。范围划定的依据综合考虑了自然地形、文化特征及行政边界等因素，以求将水文化相关性最高、类型最为丰富的聚落遗产涵盖在内。

本书中所称的聚落包括城市聚落与乡村聚落两种，聚落遗产研究对象包括聚落建成区及其周边的堤埝、沟渠、台田等基础设施和生产空间。宏观层面，包括淀区

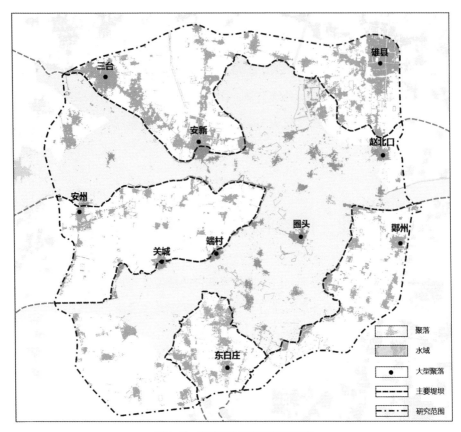

图 1-3 白洋淀地区研究范围划定

水环境、地形地貌、堤埝体系、历史航线等淀区总体结构层面的要素；中观层面，包括聚落建成区的物质空间及其周边的堤坝、台田等历史环境；微观层面，包括具有突出历史文化价值的历史建筑、重要构筑物、码头等环境要素。

1.4 洼淀聚落遗产的历史经验与启示

2017年4月1日，中共中央、国务院决定设立河北雄安新区。以此为契机，地处雄安新区的白洋淀地区将迎来前所未有的快速城镇化过程。本书的研究初衷之一正是这一现实重大需求。

白洋淀特色突出的自然景观和丰富多彩的聚落遗产，引发我们思考两个方面的问题。一方面，从城市发展的角度看，如何系统评估白洋淀文化遗产资源，在建设活动中平衡文化遗产保护与城市发展，成为一个亟待研究的问题；另一方面，从传统水管理智慧传承角度来看，白洋淀作为中国北方洼淀地区历史水文经验最为集中的地区，为雄安新区的城市建设和水管理技术提供了诸多启示。本书将尝试总结水文管理方面的经验。

第一，白洋淀水利防洪建设应使用综合洪水管理模型，实现洪水风险、生态安全和居民生计的综合效益最大化。以康熙、乾隆时期的历史经验为例，康熙、雍正、乾隆三代营建政策的变化呈现出特定的趋势，即从注重防范洪水风险的单一目标向兼顾风险、生计和生态的多重目标转变。康熙时期的水利营建以单纯地筑堤来防止洪水的再次侵袭，然而这种治理方法并不能保证长久的太平，所以雍正时期提出了以淀泊连通性为核心的综合治水方案，在建造堤坝的同时疏沟渠、开引河，并且大量地围淀造田，通过围淀造田来提高洪水淹没区的经济生产能力。雍正时期大量围淀造田造成淀区面积缩小和库容锐减，因此乾隆时期通过禁垦还湖来改善白洋淀的生态环境，并引河输水来为水围和航运提供充足的淀泊水量。

康熙、雍正、乾隆三代营建政策的变化与国际上 Andrea M. Juarez Lucas 和 Kelly M. Kibler 提出的综合洪水管理（integrated flood management）理念[51]不谋而合。这一理念建立了兼顾洪水风险、生态安全和居民生计的综合分析框架，以便从洪泛区的广泛潜在效益中获益。该理念倡导洪水风险-效益评估（flood risk-benefits assessment）的方法，通过揭示洪水重现期、洪水强度范围和收益-风险的转折点等信息，来提供综合的社会生态解决方案。这个方案需达成三个目标：确保生计能力、降低洪水风险、平衡生态系统。白洋淀的环境治理应当避免单一目标下的片面决策，必须在降低洪水风险的同时平衡居民生计、生态系统和社会福利，并充分评估和尊重传统渔苇生产方式的经济、生态和文化价值。

第二，将可控的淹没策略纳入洪水管理体系中。康熙、雍正、乾隆时期日益严重的洪水灾害表明，以"绝对保护"的态度进行水利营建，难以符合这一区域的水文自然规律。国际学术界对易淹没地区的水文管理正在从"绝对保护"策略转变为可控的淹没策略。具体而言，有恢复和新建两种方式[52]。例如，荷兰 2004 年启动的国家战略项目"给河流以空间"系统性地恢复历史水系的洪水适应性功能，慕尼黑的"伊萨河计划"新建具有生态和游憩功能的洪水缓冲空间，在易淹没地区为季节性洪水设计洪水适应性景观能有效地降低高水位，保护临近城市免遭淹没，提升城市环境在自然波动下的适应能力，并赋予该区域生态和游憩功能。

从历史上看，"可控的淹没"曾经是白洋淀洪水应激策略的重要组成部分[注①]。据《白洋淀志》载：白洋淀十方院水位达到 10.5 m 时，如水位继续上涨，要依次扒开障水埝、淀南新堤、四门堤、新安北堤，通过将堤内农田洼地转变为滞洪区来平抑洪峰，减少千里堤压力。这一历史经验为应对严重洪水提供了另外一种思路，即为白洋淀及其周边区域制定洪水风险地图，划定淹没等级与范围，制定相应的应急洪水管理方案。从长远来看，应当将白洋淀区域"绝对保护"的洪水治理目标转变为可控的淹没目标，建立包容性的洪水管理体系，恢复并设计洪水适应性景观。

第三，以流域视野对防洪蓄涝空间进行整体评估。康熙、雍正、乾隆三代均高度重视大清河水系的水利安全，并以区域性规划的视野进行整体治理。从区域的范围来看，居于上游的白洋淀是大清河流域重要的排涝缓洪区域，对于保障流域下游城市安全有着重要的作用。然而历史上的大清河沿线的淀泊多已消失或大为缩小，其整体蓄洪滞洪能力和区域性的洪水应激能力大大下降。在设立雄安新区的背景下，白洋淀从缓洪滞涝的自然区域向城市区域的转变，意味着大清河流域洪水调蓄的空间结构将会有很大调整，对大清河流域水管理系统提出了新的挑战。白洋淀的水管理体系应在大清河流域命运共同体的视野下，对防洪蓄涝空间进行整体评估和研究。

第四，"水遗产"的系统性保护和活化利用。2013 年，联合国教科文组织在阿姆斯特丹举行了第一次文化遗产和水资源会议。在这次会议之后，荷兰古迹遗址保护协会提出了"水遗产"的概念，将水管理与遗产保护联系起来作为一个整体看待[53]。

注① 根据《安新县志》中对气象灾害的记载，在康熙、雍正、乾隆三代，见诸文献记载的水灾年份多达 39 年，其中严重的连年水灾多达六次以上，连续的水灾年份包括 1666—1668 年、1696—1700 年、1725—1727 年、1737—1739 年、1761—1763 年，以及 1768—1771 年。

"水遗产"这一概念包含三个元素：第一个元素是水管理的物质载体，如堤坝、运河、闸等；第二个元素是水资源的使用方式及其相关景观，如渔业水域、苇田、灌溉的农田等；第三个元素是水资源管理对遗产的影响。康熙、雍正、乾隆时期的水利营建为今天的白洋淀留下了类型众多、内涵丰富的水文化遗产，包括三大类：第一类是水利工程设施，如堤坝、运河、闸口等；第二类是生产性水要素，如渔业水域、苇田、灌溉的农田；第三类是各种类型的水相关聚落。我们应对白洋淀水文化遗产进行系统性的价值评估和保护利用，同时尽可能地延续其洪水管理的历史功能。

第五，引导民间力量在水利防洪中发挥作用，促进地方水利共同体建设。康熙、雍正、乾隆时期充分发挥民间力量在水利建设和管理体系中的作用，居民参与民埝的建设和管理，将水利营建与村镇人居环境建设进行整合，以水利设施为核心形成相应的社会共同体[54]。在国际上，民间力量也在水利防洪中发挥着越来越重要的作用。荷兰默兹河上游洪灾案例表明，地方居民对洪水的感知和相关知识，可以为官方的洪灾防治提供有效补充[55]。充分利用当地居民的地方性水文知识和灾害经验，在洪灾防范、预警和应对上可以发挥相应的作用，提升其危机意识和传承传统的灾害防治经验，促进民间力量参与水利管理工作，促进地方人际关系发展和社会团结，以地方水治理制度为基础促进社会共同体建设。

1.5 本书的安排

本书以白洋淀地区传统聚落为对象进行多层次、成体系的研究，通过分析白洋淀地区传统聚落的演变过程、空间分布与空间形态等内容，探究聚落中人水互动的深层机制，构建淀淀聚落遗产价值体系，实现以下四个研究目的：第一，梳理淀区环境与聚落演变历史，探索聚落演变的深层机制；第二，研究聚落分布与空间形态特征及其影响因素，其中包括从宏观层面研究区域性的聚落空间分布与影响因素，从中观层面研究单个聚落空间形态与影响因素，从微观层面研究聚落建筑类型及其水适应机制；第三，梳理白洋淀聚落遗产构成要素，构建聚落遗产价值评估体系；

第四，在价值评估基础上，提出白洋淀聚落遗产的系统性保护策略。具体而言，本书的研究内容按照以下顺序展开。

在第 1 章描述白洋淀聚落遗产重要性的基础上，本书第 2 章，梳理淀区环境与聚落演变历史，探索聚落演化机制。从淀泊脱离海侵水域独立成为淡水湖泊起，白洋淀受到自然演进与人为改造的双重影响。以宋代以前、宋元时期、明清时期为三个主要分析阶段，讨论早期防御型城市体系的建设、塘泺防线及京畿水利营造对白洋淀聚落演变的影响过程。

第 3 章，研究聚落景观结构与空间分布，首先从生长的堤埝和由堤埝围合的景观单元入手，讨论聚落景观的总体空间结构，然后对聚落的空间分布特征，特别是高程、规模特征及聚落经济类型进行分析。

第 4 章，从聚落格局类型入手，以定性方法，研究历史城市聚落、乡村聚落的形态特征，并对影响水区城市聚落和乡村聚落的主要因素进行了讨论。

第 5 章，基于前述各章分析，对白洋淀聚落遗产的构成要素进行归纳，包括自然环境与产业景观，居住遗址、古建筑与传统聚落，水利、航运与行宫遗址，以及其他构成要素。

第 6 章梳理了针对白洋淀聚落遗产的遗产价值评估指标，确定了聚落遗产评估体系和评估方法，主要是采用熵权模型对白洋淀地区聚落遗产价值进行定量测度，得出白洋淀聚落遗产保护等级与价值评估结果。

在归纳构成要素、构建价值评估体系基础上，第 7 章详细讨论了白洋淀聚落遗产保护策略。在区域层面，应当系统梳理聚落遗产类型体系，基于水文化景观遗产构建区域遗产廊道和保护聚落生态环境与洼淀生产景观；聚落层面，应当基于聚落遗产价值评估体系对聚落特征价值进行评估，重点探讨聚落环境与格局两个方面的遗产保护策略；在单体层面，则应注重对民居建筑的保护利用。

第 8 章在前文研究的基础上，对雄安新区的遗产保护和可持续发展提出三大展望，包括应重视传统营建智慧与营造技艺的传承、蓝绿空间的系统性营造及遗产网络的整体性构建三部分内容。

白洋淀人水关系与聚落时空演变

河北平原古地理环境是在第四纪时代由于平原地势下沉、太行山地势升高而形成的。其中，白洋淀地区由于地壳下沉呈现出海侵陆地的基本特征。在南北两带冲积扇和燕山地区冲积平原的交接处，形成了白洋淀和文安洼两大古湖盆区[1]。此后，直至距今约2500年的全新世晚期（春秋战国时期），在多条河流挟沙淤积的影响下，原来连为一体的淀泊带被分割为不同的淀泊群[2]。这一时期的河北平原面貌受到历史地理学家的重点关注。1981年，谭其骧先生在《历史地理》创刊号中，发表了《西汉以前的黄河下游河道》一文，对河北平原上的各时期文化遗址与水环境的互动关系进行了深入的分析[3]：

> 汉以前至少可以上推到新石器时代，黄河下游一直是取道河北平原注入渤海的……黄河下游在战国筑堤以前，决溢改道是屡见不鲜的事。其时河北平原中部是一大片人烟稀少荒芜寥落的地图上的空白地区，黄河在这里决溢改道，对人民生活的影响很小，因而也就为一般古代文献记载所不及……
>
> 黄河下游河道见于先秦文献记载的有二条：一《禹贡》河，二《山经》河。这二条河道自宿胥口北流走《水经注》的"宿胥故渎"，至内黄会洹水，又北流走《汉志》的邺东"故大河"，至曲周会漳水，又北流走《水经》漳水至今深县南，二河相同；自此以下，《禹贡》河走《水经》漳水东北流经交河青县至天津市东南入海，《山经》河北流走《汉志》滱水经高阳、安新折东经霸县至天津市东北入海。

"山经河""禹贡河""汉志河"下游河道见图2-1。

谭其骧先生认为，周代以前白洋淀区域是"人烟稀少荒芜寥落的地图上的空白地区"，战国时期黄河改道及筑堤活动对河北平原的文化面貌有决定性的影响。周定王五年（公元前602年），黄河发生了历史性大变迁，河北平原的许多河流脱离黄河成为独立的河流，并因为入海口的不同分别形成了不同的系统：于东平舒（今廊坊市大城）入海的滹沱系统、由文安入海的瓠河（今沙河）系统和由泉州（今天津武清杨村街道西南）入海的沽河系统。河流分散入海缓解了洪水带来的威胁，冀

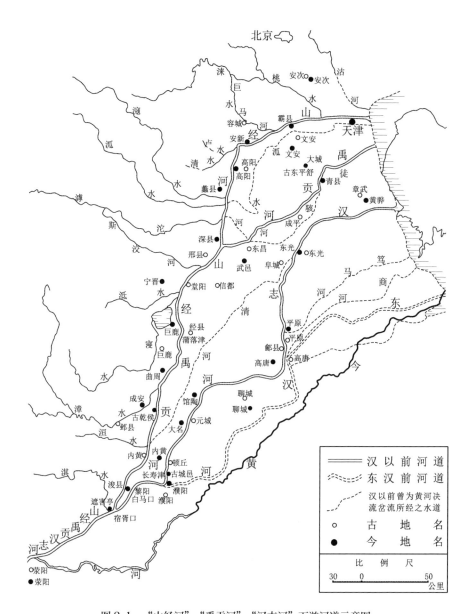

图 2-1 "山经河""禹贡河""汉志河"下游河道示意图

(图片来源:谭其骧.黄河史论丛[M].上海:复旦大学出版社,1986:24(汉以前黄河下游水道示意图))

中地区水域连为一体导致水域下泄，白洋淀遂分解为彼此独立的洼淀。战国时期，由于河北平原地区地势平缓，黄河流至此地时流速减缓，造成泥沙沉积，河床淤高，且当时没有大规模地建立堤坝，黄河下游河道频繁冲淤改道，在三条主要干流河道之间来回摆动，它们分别是《山海经》所记载的"山经河"[4]、《尚书·禹贡》所载的"禹贡河"和《汉书·地理志》所载的"汉志河"，这三条河流都曾流经河北平原。南宋建炎二年（1128年），统治者为阻止金兵南下，于今河南滑县西南人为决口，使黄河夺泗入淮，从此黄河不再进入河北平原。直至清咸丰五年（1855年）六月，黄河在河南省兰阳铜瓦厢决口并夺大清河入海，自此，冀中白洋淀水系再次直接与黄河发生纠葛，从而基本保持了今天冀中平原河流洼淀的概貌[1]。

河北地区历史上大规模的水利营建活动，从宋代开始便对其水环境造成了极大的影响。其中影响最大的是宋时修建的塘泺防线。当时白洋淀地区的淀泊并不互通，给行军和军粮运输带来不便，六宅使河承矩上书利用百里水泊抵御辽兵铁骑的方案。宋太宗淳化四年（公元993年）何承矩带领军队兴堰600里，置斗门，引淀水灌溉。后咸平三年（公元1000年）上言制塘堞，息边患，于是白洋淀广为屯兵，设立寨、营、垒、堡、口，挖沟开河，习武屯田。历经几十年人工治理，建阡陌、浚沟洫、河通淀、淀连河，建成自边吴淀至泥沽海口（今天津一带）绵亘七州郡、"屈曲九百里，深不可以舟行，浅不可以徒涉"[5]的塘泺防线。早期在修建塘泺时天气干燥，为了保持足够水量，何承矩陆续将河北平原主要河流都汇聚于塘泺之中，后因河流均挟带大量泥沙，长期的沉积使得塘泺在后期趋于淤积干涸，庆历以后黄河三次北决，其所经塘泺之处"即为平陆"[1]。甚至到元丰以后，塘堤已失御寇意义。

明清以来，自然环境不断被破坏，人地矛盾日益突出，导致河北水环境不断恶化。明初是明清城市迁移频率最高的时期，有许多城市在遭受洪灾破坏后迁移城池[6]。永乐初，明朝迁都北京，为了修建皇城而大肆砍伐太行山的森林，荒野被开垦成农田。随着天然植被不断被破坏，水土流失日渐严重，水环境受到破坏。到了清代，人地矛盾持续升级，人口开始爆炸式增长，口粮生产的负担越来越沉重。清初，清朝廷为了修缮皇城，继续破坏太行山区。人们尽情开荒占地，并逐渐向河滩、湖滩要田。上源许多支流因此而消失，大陆泽与宁晋泊也不断因此而淤浅。至清晚期，水土流失日益严重，水系格局变迁靡常，水生态平衡日渐脆弱，水患日益频繁。

为了探究白洋淀地区古代聚落的时空演变，本研究梳理了河北省水环境的历史变迁，发现对河北水环境影响较大的主要事件有三个，它们分别是周代晚期的黄河改道、宋代大规模的水利营建，以及明清时期京畿水利体系的建设。在后续的研究中，我们将白洋淀的历史按照这些节点划分为宋代以前、宋元时期、明清时期三个部分进行研究。

2.1 宋代以前：早期防御型城市体系

1. 黄河改道后，白洋淀地势地形初步形成

春秋战国时期，白洋淀地区水陆分界初步形成。全新世时期，气候温暖、雨量足，白洋淀拥有足量的水体补给，而且在当时形成了古白洋淀的最大范围：东北起自永青，与西侵的海水相连，向西南发展，过雄县、霸县北部，向西经拒马河南过容城北再折而南下，经保定市东、清苑县，向南过望都，于定州市北部东转，过安国、博野，北绕蠡县，转而南包肃宁，过河间，与文安洼、贾口洼、团泊洼水域相连。古白洋淀区域南界大致为今滹沱河、子牙河流域[1]。全新世晚期距今大约2500年，正值春秋战国时期，初期古黄河改道使得经过河北平原的河流分散入海，缓解了古白洋淀地区洪水问题的同时也减少了白洋淀的上游补水量，加之当时气候干燥，雨量减少，海平面下降，地势高的区域露出水面，淀泊被分隔开，古白洋淀逐渐退化。"解体后仍然存在的白洋淀的大致范围是自西阿及以南至高阳北，西以滱水为界，往东至黄河故道"。白洋淀区域的陆地范围扩大，加之淀区河流的存在，给人们提供了良好的生活生产环境。春秋战国时期，白洋淀区域北缘一线成为燕赵两国的边界。

汉代之后，白洋淀的水域范围总体呈减小趋势。汉代虽然气候转暖，但是并没有改变白洋淀的总体布局。到了魏晋南北朝时期，气候转为干燥且降雨量减少，白洋淀水域面积减少。当时白洋淀水域西北地区有大渥淀、小渥淀与容城东南相接，两淀之水向南发展与古易水和古唐河水相汇，顺着地势往东流去，直至今雄县与任丘以南以西，水域面积大体与今天相仿[1]。隋朝时由于大运河的开通导致流经白洋

淀地区的河流向低洼处汇流，白洋淀水域范围扩大。唐朝后期，气候再次转凉，雨量减少，白洋淀水体面积再次减少，甚至有低浅的洼地干涸为陆地。在之后的历朝历代，直到明正德十二年（1517年），白洋淀区域水域面积一直呈现下降趋势。

2. 结合军事目标的水利营建

战国时期白洋淀已经有了许多堤防措施，但是当时还没有形成一套成熟的堤防体系。战国之前，气候温暖、雨量足，白洋淀地区聚落稀少，且黄河下游无堤防，因此白洋淀一带水患频发。直至战国中期以后，由于白洋淀新安地区地处燕赵边界，公元前314年，燕昭王沿着古黄河流经白洋淀的北岸，筑起长达500里的燕长城，并开始在黄河下游筑堤并固定河道，阻止淀水北泛，奠定了白洋淀从古至今的北界。

汉时出于军事目的开凿了一系列的沟渠，为后来形成包括白洋淀在内的海河水系打下了基础。东汉末年，局势动荡，曹操为统一北方，出于军事需要兴建了一系列的水利工程，在汉献帝建安九年（公元204年）开凿了白沟水渠，以此使淇水脱离黄河水系改道向东北流入白沟而归入海河水系，后又于建安十一年（公元206年）开凿了沟通虖池水（今滹沱河）、泒水的平虏渠，连接漳水与白沟的利漕渠，以及沟通沽水（今白河）和洵水（蓟运河支流）的泉州渠，后又开凿了连接漳水和虖池水的白马渠、连接虖池水和泒水的鲁口渠[7]。自此之后，隋唐都未在白洋淀地区实施大型水利营建，直至宋代，才开始对白洋淀进行大规模的治理，并由此使得白洋淀整体发生大改变。

3. 春秋至汉代：白洋淀聚落建设的第一个高潮期

白洋淀解体的过程中地势较高的区域成为陆地，为人们生活提供了场所。在白洋淀容城、霸州等地均发现了商周时期的墓葬遗址，位于白洋淀东部的鄚州在商周时是燕国的一部分，是该地区有记载以来第一座大型城池。

春秋战国时期至汉代是白洋淀区域城池建设的第一个高潮期，其间基本形成了白洋淀的防御性城市体系。今天的容城、安新、高阳、霸州、任丘、文安、大城等县市，均发现了先秦各时期的遗址（图2-2）。今安新县地处燕南赵北的边界，周边建有燕南长城，在长城两边，燕国建有浑埿城（今新安县城）、三台城（今三台镇）、易京城，赵国建有葛城（今安州镇），燕国附庸鄚国建有鄚邑城，形成了五座城池与燕长城、白洋淀紧密结合的早期防御性城市体系。秦代建立了雄州城并销毁了战国时建立的五座城池，后于秦朝始皇二十六年（公元前221年）建立了容城并推行郡县制作为管理制度。汉代于汉高祖六年（公元前201年）和汉平帝元始二年（公元2年）分别建立了高阳、任丘这两座城池。邢顒《三郡记》载："汉平帝元始二年，巡海使中郎将任丘筑此城为防海口，即以为名。"

春秋战国时期至汉代除了上文提到的几座大型城池，还建立了许多规模较小但十分重要的早期聚落，如战国时期的赵北口、十里铺等聚落。赵北口镇位于安新县城东北14.8 km处，东北以雄县为界，南邻任丘市，西接新安镇和圈头乡，是流经白洋淀诸水东流之咽喉，取"赵北口"与"水口"之意而得名[1]。唐及五代时称唐兴口，宋代称赵堡口，后复称赵北口。魏晋时期，由于大量游牧部落内迁定居黄河中游，

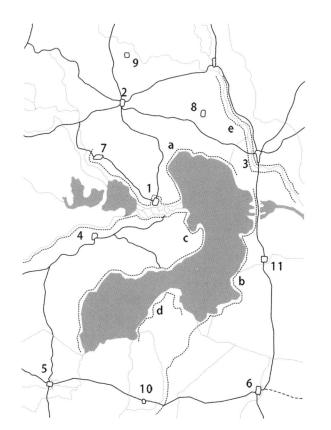

白洋淀周边古城：
1 新安县城（燕浑埿城）
2 明容城
3 雄州城
4 安州城（赵葛城）
5 明清高阳城
6 任丘城

白洋淀周边古城遗址：
7 三台城遗址（燕三台城）
8 南阳遗址（疑燕易京城）
9 城子村遗址（秦容城）
10 旧城村遗址（汉高阳城）
11 鄚州城遗址（鄚邑城）

白洋淀周边堤坝：
a 新安北堤（燕长城遗址）
b 千里堤
c 四门堤
d 淀南新堤
e 白沟河堤（雄河堤）

图2-2　白洋淀及其周边古城、古城遗址分布[8]

在白洋淀周边出现了阿陵、高郭等县城，并且在今天的白洋淀水域范围内部和边缘能够看到这些县城的遗迹，值得一提的是，此时出现了关于白洋淀最早的明确记载。西晋时期左思的《魏都赋》中记载道："至于山川之倬诡，物产之魁殊。或名奇而见称，或实异而可书……其中则有鸳鸯交谷，虎涧龙山。掘鲤之淀，盖节之渊。"[9]据后世考证，"掘鲤之淀"在今任丘市西北莫县之西，也就是今白洋淀的地理位置。北魏的《水经注》对白洋淀淀泊也有相关记载："易水又东，埿水注之，其水上承二陂于容城县东南，谓之大埿淀、小埿淀。"[10] "大埿淀"和"小埿淀"分别是今容城南、安新北的两个淀泊。

唐代，由于军事需要而建立了许多以铺、堡、寨为形式的聚落，这些驻扎在此的士兵定居于此，并在此围堰屯田发展农业或借地理之势靠渔业为生，时至今日，农业和渔业仍是白洋淀的两种主要产业形式。

该地区自周代起便有了鄚国，随后经历了一系列战争、移民等，逐渐发展为如今的面貌。白洋淀地区的主要城池均创建于战国至两汉时期，至东汉三国时期大型的聚落中心均已建立，为白洋淀地区日后的聚落格局的形成奠定了基础（图2-3）。

图2-3 白洋淀地区周代至五代聚落分布图

2.2 宋元时期：塘泺防线与聚落体系

1. 受水利营建影响，水域范围发生重大调整

《宋史·河渠志·塘泺》中具体记载了当时各淀泊的水体状况："东南起保安军（实为保定军，今文安县新镇）西北雄州合百世淀、黑羊淀、小莲花淀为一水，衡广六十里，纵二十五里或十里，其深八尺或九尺。东起雄州，西至顺安军（今安州垒头）合大莲花淀、洛阳淀、牛横淀、康池淀、畴淀、白羊淀为一水，衡广七十里，纵三十里或四十五里，其深一丈或六尺或七尺。东起顺安军，西边吴淀至保州（今保定市）合齐女淀、劳淀为一水，衡广三十余里，纵百五十里，其深一丈三尺或一丈。起安肃（今徐水）、广信军之南，保州西北，蓄沈苑河为塘，衡广二十里，纵十里，其深五尺，浅或三尺，曰沈苑泊。自保州西合鸡距泉、尚泉为稻田、方田，衡广十里，其深五尺至三尺，曰西塘泊。"[5]

从宋代开始，官方对白洋淀进行了大规模的人工治理，对白洋淀的水域分布造成了极大的影响。由于唐中期之后，气候再一次转为干凉少雨，北宋时期的白洋淀水域面积相较于唐代更小。沈括在《梦溪笔谈》中写道："自保州西北沈远泺，东尽沧州泥沽海口，几八百里悉为潴潦。"[11] 由此可知当时白洋淀的大致区域范围是从今满城东北和徐水西南一线，东至今天津东面的西泥沽河。北宋开塘治水修堰，在进行大规模水利营建的同时也开始了大规模的屯田种植，"宋人引水做塘之后，而川流之故道益乱矣"[12]。至北宋末期，契丹辽国遭到女真人日益紧迫的威胁，不再构成对北宋沿边地带的威胁，白洋淀地方官员将地方建设由军事防御转至稻田生产，于是白洋淀百姓们将大量的洼淀改造为稻田，加之干凉少雨的气候影响，白洋淀水域面积迅速减少。

元代，由于建立大都城，燕山、太行山等森林植被遭到破坏，白洋淀地区水土流失严重，河流泥沙增多，同时沥涝灾害加重，形成恶性循环，白洋淀淤积严重。元至正二十二年（1362年），白洋淀大水肆溢，淹没了任丘城，破坏民田3000余顷。

2. 军事与生产并重的水利营建

宋时开始对白洋淀进行大规模的治理，为后续的白洋淀的开发和人工治理奠定了基础。其中最主要的是宋时筑起的"塘泺防线"。北宋初期，宋曾与辽进行了两次大规模的战争，但那时，白洋淀地区的淀泊并不连接互通，复杂的交通给行军运粮带来极大的不便，出于军备需求，六宅使、沧州节度副使何承矩向朝廷提议根据白洋淀的地理优势，在白洋淀开修塘泊围堰，连接白洋淀与周围的河流，同时筑堤贮水屯田，于是太宗淳化四年（993年）开始了历史上第一次对白洋淀的大规模人工改造。此次改造，在保证军事防御和军需粮草的同时，推动了白洋淀的农业和经济发展，奠定了今天白洋淀水文地理的基础。后于咸平三年（公元1000年）何承矩又建议"今顺安西至西山，地虽数军，路才百里，纵有丘陵冈阜，亦多川渎泉源，因而广之，制为塘埭，自可息边患矣"[5]。于是白洋淀地区通过挖沟开河等水利营建措施，把众多淀泊、河流、泽田与海水连通起来，建成自边吴淀至泥沽海口（今天津一带）绵亘七州郡的"塘泺防线"。何承矩修建的"塘泺防线"为了抵御辽国南侵而侧重于东西向布局[7]，时莫州任丘县令唐介，为了解决任丘的洪水水患，于庆历年间修筑了唐堤，唐堤是当时白洋淀南北向的主要堤防，将原属白洋淀水域范围的一部分洼淀[如百草洼（即柴禾淀）、大港洼等]隔在了堤防以东，此即今白洋淀千里堤的雏形。至此，白洋淀的堤防系统初具规模（图2-4）。

除了"塘泺防线"之外，宋代对边缘塘泊设置了河北屯田司和缘边安抚司等专门管理机构。塘泊水的深浅，屯田司还要按季报工部。再则"营筑堤埭、开决陂塘"[5]，在白洋淀北界以燕长城遗址为基础，筑起一条沿淀通往霸州几百里的堤防（又名长城堤、六郎亘）。同时修筑淀南堤，据康熙《安州志》载："州城北，易水之滨有古堤，东自边村而下延新安、雄县，南自板桥而下接蠡县，以防九河之水，传为宋时所筑。"[13]

元代建成的水利工程数量记载较少，就整体而言，其水利成效远不如之前历朝[14]。一是因为当时白洋淀陷于战乱，整个白洋淀地区近乎荒废，当时的人口数量为汉代以来最少。二是因为元代在北京建立大都城，燕山、太行山等森林植被遭到破坏，白洋淀地区水土流失严重，河流泥沙增多，同时沥涝灾害加重，形成恶性循环，

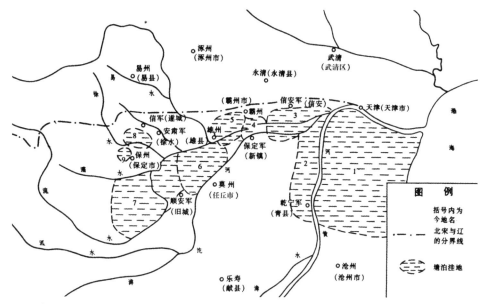

1 包括破船淀、方淀、灰淀等；2 包括鹅巢淀、陈人淀、燕丹淀、大光淀、孟宗淀；3 包括水汶淀、得胜淀、下光淀、小兰淀、李子淀、大兰淀等；4 包括粮料淀；5 包括百世淀、黑羊淀、小莲花淀；6 包括大莲花淀、洛阳淀、牛横淀、康池淀、畴淀、白羊（洋）淀；7 包括边吴淀、齐女淀、宜子淀、涝淀；8 为沈苑泊；9 为西塘泊。[15]

图 2-4　北宋塘泺防线位置示意图

白洋淀淤积严重。

3. 宋辽时期：白洋淀聚落建设的第二个高潮期

宋辽时期是白洋淀区域城池建设的第二个高潮期。在此期间重筑了新安县城、安州城，并新建了雄州城，形成了与塘泺防御工程相融合的城市体系[16]。据《宋史·河渠志》记载，宋代疏浚水系，以水为险，形成了结合军事、水利、屯垦的综合型军事水利设施[5]，同时沿白洋淀北岸筑起六郎亘堤（即新安北堤），营建葛城城垣以驻军御辽[7]。金人南下以后白洋淀被纳入金版图。金大定二十八年（1188 年），安州徙治葛城，并置葛城县。金泰和四年（1204 年）于浑埿城（今安新）建渥城县，属安州；八年（1208 年）移州治于渥城，称新安州。雄州起源于唐代军事重镇瓦桥关，五代后周显德六年（公元 959 年）世宗伐辽，收复瓦桥关，设置雄州[17]。

白洋淀在宋代也迎来了淀内空间开发的第一个高潮。宋太宗淳化四年，官方正式展开了史上第一次对白洋淀的大规模人工改造，依托白洋淀低洼的地势，开修塘泊围堰。此后淀区与周围一些河流相连，将军事防御与屯田生产紧密结合，确保了在未来宋辽战事中军需粮草供应的通道通畅[5]。至此，白洋淀周边的水利设施与耕作条件都较以前有了较大的发展，人口逐渐增长，宋辽以前，白洋淀西北部地区依托安州设葛城县，依托浑埿城（今安新）设渥城县，而东北部依托瓦桥关设雄州，因此安州城、雄州城与浑埿城（今安新）是当时整个白洋淀西北、东北部地区的三个主要城池，于是在宋辽金时期白洋淀地区的聚落营建活动很大一部分集中在淀区北部，并受三个主要城池的影响分布，这些聚落的建立一部分是出于军事防守目的，其余的则多是出于屯垦营田等生产目的，淀区聚落产粮运粮，水运路线也是聚落选址的重要依据之一，王家寨、郭里口、马家寨等聚落选址于浑埿城、安州城、雄州城、鄚州城、赵北口几城的腹地，很大程度上应是出于对水运航线等因素的考量，又如安新县的北马村、同口村、郭里口村等聚落，其名称中所含的"马"（原为码头之意）或"口"（原为渡口之意）亦体现了在水域尚广时这些聚落在航运方面所发挥的功能（图2-5）。元代由于白洋淀生态环境遭到破坏和战乱，白洋淀的人口数量锐减，村落也多因战争或洪水而消失，直至明代这种情况才得以缓解。

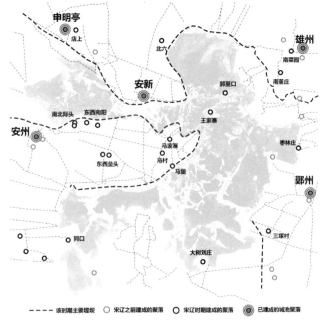

图 2-5 白洋淀地区宋辽时期聚落分布图

2.3 明清时期：京畿水利聚落体系

1. 由于自然环境破坏，白洋淀水域收缩严重

白洋淀的水域面积一直在不断地收缩，至明弘治元年（1488 年）前，白洋淀水域严重收缩，"地可耕而食，故四围征粮，中俱系牧马场"[18]，但并未干涸。据明天启《高阳县志·舆地志》、嘉靖《河间府志·地理志》、嘉靖《雄乘》等记载，白洋淀水域有大小淀泊 43 个，其中白洋淀本淀水域方圆 60 里，这很可能不是准确记载和统计。至明正德十二年（1517 年），"杨村河决入（白洋淀），始成泽国。今合相近诸淀之水，总名曰西淀"[19]。杨村河即今潴龙河。明代唐河流至蠡县境内，称杨村河。原经蠡县洪善堡村南，东流入河间，自蔺家圈口北决，经刘氏（今留史）、玉田、绪口，过高阳、安新，入白洋淀，使白洋淀再度成为积水淀泊。明嘉靖、万历年间，白洋淀水域重新变得宽阔，"汪洋浩淼，势连天际，大小舫浮乎其中者，宛如仙槎初返银河……波涛吞乎日月，云雾变乎春秋"，遍布菱、荷、芦苇，风景秀丽，白洋淀始有"北地西湖"之谓，堪比西湖、洞庭、太湖[1]。

清代，畿辅水利被视为直隶地方第一要务，有关海河、大清河等河道及东淀、西淀等淀泊必须加强管理，因此清乾隆二十八年（1763 年），朝廷正式明确东、西淀界线。"大清河自雄（县）入，曰玉带河，迳张青口（今文安市舍兴西北，赵北口东二十里)，口西西淀，东东淀……三角淀一曰东淀，古雍奴薮，亘霸、文、东、武、静、文、大七州县境。"[20] "东淀，云延袤霸州、文安、大成、武清、东安、静海之境，东西亘百六十余里，南北二三十里或六七十里……永定河自西北来，子牙河自西南来，咸入之。"[21] "西淀，（雄）县南。亘安州、高阳、任丘，周三百三十里，汇府境诸水，所谓'七十二清河'……西淀都九十有九，白洋最广。"[21] 总体上讲，相对于西淀，清初东淀的范围要大些。

2. 防洪与民生并重的水利营建

明代的水利营建开启了明清两代水域治理的历史，为后续清代的水利营建打下了一定基础。自明代，由于水患频发，为了防河洪、御水患，白洋淀开始大规模治

水修堤，筑坝围堰。尤其明末清初时，白洋淀地区连年大水，致堤防决口，淹没禾稼，昔日平陆之地水深超过马腹，官员视察水情只能以舟代步，当时的记载中不断出现"水深丈余"的记录，朝廷愈加重视白洋淀地区的水域治理。宋庆历年间，在白洋淀水域东侧修筑唐堤，唐堤是今天千里堤的雏形，也是其重要的一部分。后又于明神宗万历初年（1573年为元年），在原宋代唐堤南端潴龙河下游入淀口处，修筑了东道口堤，东道口堤东与唐堤南端相接，"以补唐堤之缺，防白洋淀南侵者"。它亦成为千里堤形成的关键堤段，对今天白洋淀南缘格局的形成具有重要意义。弘治中，"筑河堤，起涿州东境，接固安，至州境之赵村务，临津水口，经州南关，长三百余里……其间为水口一百六十有七，至文安县之苏家桥，大城县之辛张口而止。今多崩坏"[12]。

清代，是白洋淀水利建设的又一个高潮期。白洋淀区域隶属直隶省，为京畿腹里重地，历代统治者也对淀河的治理极为重视，多次讨论大清河流域治理方案，并实施西淀（白洋淀）水利营建工程，且康熙、雍正、乾隆三位皇帝水利营建的主要思路与内容都各有不同（图 2-6）。

康熙时期的白洋淀治理重在筑堤防洪，而且其筑堤防洪举措的时空分布，基本呼应了连年水灾发生的时间和地点，与此同时为了阅示水工和进行水猎，营建了四座行宫。康熙年间发生水患的记录多达十条，其中尤为严重的有三次，分别是康熙五年至七年（1666—1668年）、康熙三十五年至三十九年（1696—1700年）和康熙四十五年（1706年），严重程度达到"堤防决口"或"大水没堤"。这三次大水灾使康熙皇帝高度重视白洋淀水利营建，从而引发了康熙朝三次堤防修筑的高潮。康熙九年（1670年）在安州筑堤120余里，解决了上游的水患问题，但下游新安仍受水患侵扰。康熙三十七年（1698年）修筑新安堤。康熙四十五年（1706年）康熙皇帝御驾出巡"驻跸郭里口"，命原河道总督王新勘查各处堤工，又派内阁学士观保用帑金15 000两来修筑加固各处堤防。行宫的营建与堤坝的修建联系密切，赵北口行宫建于康熙十八年（1679年），时间上处于康熙第一次修筑堤坝之后。随后建设的三座行宫则与第三次堤坝修筑高潮时间接近，其中郭里口行宫建于康熙四十四年（1705年），圈头行宫建于康熙四十五年（1706年），端村行宫建于康熙四十七年（1708年）。这四座行宫之间相距在半日水路之内，与周围的湖淀和若干沿途水村相串联形成了水围景观廊道。

雍正治水吸取了康熙朝只筑不疏的教训，再次回潮的洪水灾害使得雍正采用"既堵亦疏"的方法，利用疏泉、引流、建闸、筑堤等综合手段，通过增加水域连通性来提高白洋淀的洪水适应能力。与此同时，雍正特别重视将营田与理水结合，通过淀泊治理促进粮食生产。雍正三年至五年（1725—1727 年）的严重水灾，成为白洋淀水利营建方向发生转变的重要节点。雍正三年河水泛滥，东西南北堤都被冲平，此次重大水灾使雍正意识到白洋淀系统性水利建设的重要意义，提出了以淀泊连通性为核心的综合治水方案："治直隶之水，必自淀始，凡古淀之尚能存水者，均应疏浚深广，并多开引河，使淀淀相通，其已淤为田畴者，四面开渠，中穿沟洫，洫达于渠，渠达于淀，而以现在淀内之河身疏瀹通畅，为众流之纲，经纬条贯，脉络交通，泄而不竭，蓄而不盈。"[22]

清中期人口膨胀的压力和粮食增产的需求，使得雍正将营田视作淀泊治理的内在组成部分，围淀造田、筑堤圈圩的行为非常普遍，淀区水面面积大大减少，导致乾隆期间有文字记载的大小洪灾、涝灾共计 22 次，因此乾隆时期的白洋淀水利政策主要围绕禁垦展开。乾隆三十七年（1772 年）皇帝下令严禁围淀造田，谕曰："淀

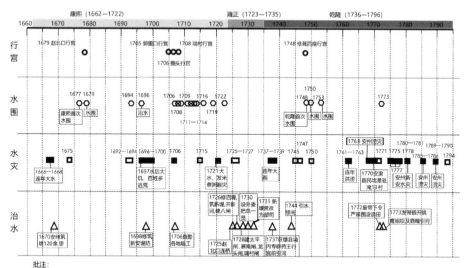

图 2-6　康熙、乾隆时期白洋淀的行宫营造、水围活动、洪水灾害和水利建设的时间分布 [23]
（图片来源：作者综合《白洋淀志》和《安新县志》中的康熙、乾隆大事记、行宫建设、水利建设、水围、水灾等信息后自行绘制）

泊利在宽深……毋许复行占耕，违者治罪。"此外，由于库容减少导致白洋淀更容易受到气候波动的影响，遇到干旱之年很容易水量不足、水面萎缩。乾隆时期的另一水利举措在于引河输水、建闸锁水，由此为水围和航运提供充足的淀泊水量（图2-7）。

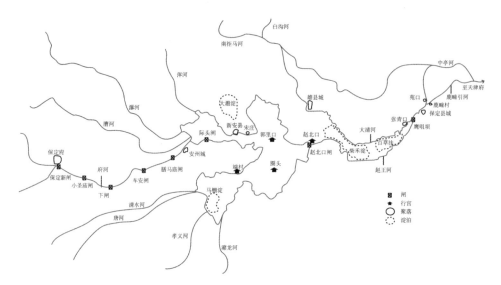

图2-7　白洋淀及周边流域的主要聚落、行宫和水利设施位置示意图[23]

3. 明清时期：白洋淀聚落建设的第三个高潮期

明清时期是白洋淀治所迁移、营城理水的建设提升期，形成了与区域性水利防洪工程相结合的城市体系（图2-8）。

明代，在官府主持下大批移民被组织迁移进淀补充白洋淀人口，是白洋淀出现现今面貌的关键，也是白洋淀走向繁荣发达的开始[18]。大批移民到白洋淀后，建村、扩寨、筑房、造船及筑堤、挖沟、造田等，并以渔、苇生产为主开始劳作。同时由于白洋淀水患频发，当地常在水患发生之后，或迁建新城（高阳、容城），或重筑旧城（新安、安州、雄县），并配套建立外围堤坝，提升综合性防洪灌溉水平。

清代聚落的发展，基本上是宋、明以来的继续和补充，这时新建的聚落相对较少，一般是由现有聚落迁出的人新建的居民点，如安新小王营村便是由东淀头村迁出的几户居民到小王村附近定居而发展起来的，因靠近小王村，所以被命名为小王营村；

又如清代满族人入关后大规模南移，对汉人田地进行了大范围的占夺，部分居民被迫外迁，雄县小庄村便是由此建立的，时称小留民庄。此外，一些贫苦农民因租用地主土地或为富人权贵阶级等看守坟茔，常需要在人口稀少的地方劳作，为方便而定居于偏僻地带，久而久之便形成了村落，如明末清初时，在今雄县以西，有郑姓家族给王姓家族看坟守墓，后逐渐形成聚落，取名为郑家园，后改名北菜园。从较广范围来看，在离白洋淀较远的地区还存在因灾害等其他原因而产生的移民，但并未体现在研究范围内。

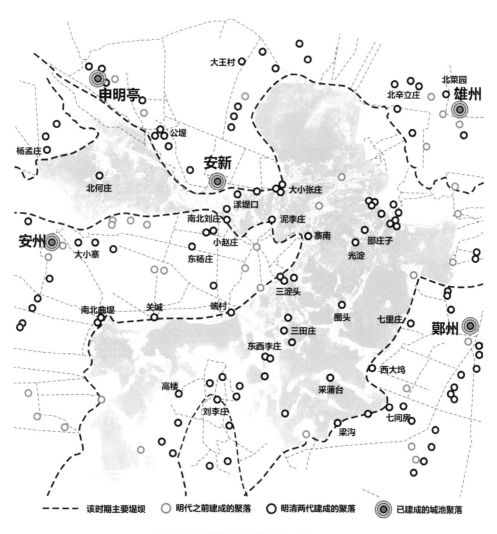

图2-8 白洋淀地区明清两代聚落分布图

2.4 聚落演变过程和人水互动机制

1. 城市聚落空间的演变过程

笔者对白洋淀所在各县志书中建制沿革、城池建设材料进行综合分析，认为白洋淀城市营建活动集中在战国至秦汉、五代至宋辽金、明清时期三个时间段（图2-9）。其不同阶段的营城活动通常与军事活动、行政建制调整或洪水灾害直接相关。由于当地丰富的水资源和频繁的水患，营城活动通常与水利防洪建设或农业灌溉工程综合考虑，形成建制、屯兵、防洪、灌溉相结合的综合性营城活动。

第一阶段，战国至秦汉时期是白洋淀地区的城市体系的初创期。战国时期，雄安新区地处燕南赵北之地，燕国建的浑浧城、三台城、易京城，赵国的葛城和燕国

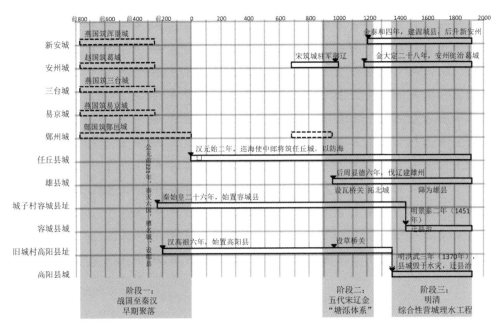

图2-9 古代白洋淀营城活动的时间分布与三个主要阶段

注：图中虚线表示该内容在历史文献中仅记载了营城朝代，而没有记载确切起讫时间。

附庸郑国的郑邑城，与燕长城、白洋淀一起构成了早期的防御性城市体系。秦汉时期隳名城、建新城，形成以"郡县制"行政管理为目的的城市体系。这一时期，战国时五座城池的建制撤销，相继建立起容城、高阳、任丘三座新城。容城县建制始于秦朝始皇二十六年（公元前221年），彼时实行郡县制，容城县属上谷郡，县治所在今容城县城子村一带。高阳、任丘的营建开始于汉代。汉高祖六年（公元前201年）始置高阳县，隶涿郡，治所在今旧城村。

第二阶段，五代、宋辽金时期是白洋淀区域城市建设的高潮期。在城市建设的高潮期，重筑新安县城、安州城，并新建雄州城，随之白洋淀区域的城市聚落空间发生了较大变化。雄县起源于唐代，五代后周显德六年（公元959年）世宗伐辽，收复瓦桥关，设置雄州；宋代通过疏浚水系，以水为险，形成以北御辽国骑兵为首要目的的，结合军事、水利、屯垦等功能的综合性军事水利设施，同时沿白洋淀北岸筑今新安北堤，营建葛城以御辽；金人南下后将白洋淀纳入金版图，之后将安州迁移到葛城，置葛城县，并于浑埿城建渥城县，属安州，后称新安州。

第三阶段，明清时期是白洋淀地区水治理与聚落更新的关键时期，形成了与综合性水利防洪工程相结合的城市体系。这一时期白洋淀水患频发，当地常在水患发生之后，或迁建新城（高阳、容城），或重筑旧城（新安、安州、雄县），并配套建立外围堤坝，提升综合性防洪灌溉水平。例如，高阳县旧址原在旧城村，位于白洋淀南潴龙河古道与其支流之间的三角洲上，洪武三年（1370年），高河溢决，高阳县城（旧城村址）毁于水灾，奉诏迁治丰家口。天顺五年（1461年），县令使役3000人修筑高阳城池。明正德年间杨村河（潴龙河）决口后，"补唐堤之缺，防白洋淀南侵者"，由此高阳县东与任丘唐堤相接，形成捍卫白洋淀南岸的千里堤防洪体系[24]。

2. 乡村聚落空间的演变过程

对始建年代进行统计，有助于理解村落的历史形成过程。本研究以《安新县志》中记载的白洋淀区域村落始建年代的数据为基础，统计得出不同历史时期聚落的数量比例和空间分布注①（表 2-1）。统计数据表明，白洋淀乡村聚落主要形成于三个历史阶段。值得注意的是，相比于前述城市聚落的建设年代，乡村聚落的建设年代亦为三个时间段，且更为集中。依据《安新县志》中村落建成时间数据，汉代仅形成两个聚落，五代则无建成村落数据，因此三个主要建成村落时间段为战国、宋辽和明清时期。

表 2-1　白洋淀聚落始建年代及其比例

始建年代	战国	汉	宋辽	明	清
数量	18	2	13	70	7
比例	约 16.4%	约 1.8%	约 11.8%	约 63.6%	约 6.4%
特征	集中于城区	—	以防御性聚落为主，几乎全部位于陆地	明初移民形成，陆地村落密度提高三倍，水区村落迅速发展	—
聚落举例	小西街、北辛街、东明街、南关、西角、东角	申明亭、涞城	东垒头、西垒头、马村、马家寨、马堡、王家寨	山西村、崔公堤、高公堤、朱公堤、王公堤、大张庄	烧盆庄、新立庄、东杨庄、季庄子

表格来源：作者根据《安新县志》第一编 91~109 页中各村基本情况表统计得出。

第一阶段为战国时期，地处燕南赵北的白洋淀，聚落发展主要体现在城池建设方面。燕国在此建有浑埿城、三台城、易京城，赵国建有葛城注②，这四座城池结合燕长城和古白洋淀，共同形成了燕赵两国边境的城市防御体系。据统计，战国时期形成的乡村村落有 18 个，空间分布上主要集中在新安城、安州城等城镇内部。

第二阶段为宋辽时期，此时由于宋辽之间频繁的军事互动，大量防御性堡寨聚落取得发展。据《宋史·河渠志·塘泺》记载，为了北拒辽国，宋代结合原有水系挖沟开河，习武屯田，历经几十年人工治理，建成绵亘七州郡、屈曲九百里的"塘泺防线"[5]，并在水体附近广为设立寨、营、垒、堡、口等军事据点。据统计，宋辽时期形成的聚落有 13 个。这些防御性村落直接以垒、堡、寨等为名[7]，例如东垒头、西垒头、马村、马家寨、马堡、王家寨都是这一时期形成的。从今天的地形来看，

注① 统计数据取自《安新县志》91 页到 104 页的若干图表，这些图表中包含安新镇、三台镇、安州镇、大王镇、赵北口镇、端村镇中 110 个村的建村时间等相关信息。
注② 上述战国四座城池中，辽金时期对浑埿城、葛城屡有修葺，发展为新安、安州的治所。三台城为今安新县三台镇，易京城湮没无闻，其很可能是学界广为关注的今容城县南阳遗址。

宋辽时期形成的村落几乎全部位于湖淀外的陆地上。

第三阶段为明清时期，这一阶段大量移民来此定居，是白洋淀村庄聚落最密集形成的时期。金元兵燹以后，农田荒芜，村舍凋敝，人烟稀疏。《安新县志》载，明永乐初年，官方先后从山西洪洞与塞北兴州等地移民补充人口，充足的淡水资源及其提供的水产品为移民的生存、繁衍提供了物质条件。明清时期，新安有五社六屯，安州有七社九屯，其中原有居民为社，迁来移民为屯[13]。《安新县志》中明代形成的聚落有 70 个，在各个朝代中数量最多、比例最高。随着区域人口密度的提高，陆地区域的村落密度提高了三倍，水区村落则迅速发展为 20 多处。目前白洋淀水区村落，几乎全都形成于明清时期。

3. 聚落空间分布的演变机制

（1）白洋淀自然环境的演化是聚落营建的前提条件和物质基础

白洋淀的自然环境为聚落营建提供了场所和材料，而聚落也对白洋淀的自然环境产生了影响。白洋淀地区陆地的出现，以及后期淀泊面积减少、陆地不断增多是许多聚落建立的客观条件之一。白洋淀地势低洼，由于缺乏有效的水利工程技术，所以早期聚落常选择在地势较高的地带建立村落，包括水中高地或内陆地区地势较高处。宋代之前的一些聚落集中在今白洋淀水岸的外围地带，呈半环状包围着白洋淀，如北部的小里、三台、平王、杨西楼、雄州镇、亚古城，东部的赵北口、古州村、鄚州镇，南部的孟仲峰、拥城、三岔口、苇元屯、板桥，包围了白洋淀的北、东、南三面。宋代之后，白洋淀水域面积便整体呈现下降趋势，暴露的陆地增多，为聚落的建立提供了场地，而且逐渐向地势较低的白洋淀中心地带推进[25]。到了后期人口暴涨而土地有限，人们便通过改造自然地形使得场地更宜居，如 1415 年（明成祖永乐十三年）郭姓迁至傅家屯南七里处建村时，采蒲草筑台来提高地势，因此该村得名采蒲台村。

（2）军事和移民活动是聚落演变的重要驱动因素

白洋淀自古以来便是军事要地，军事活动推动了城池和许多聚落的建立。白洋淀聚落建设的三次高潮，都与重大战争发生或该地区军事战略地位的变化有关。战国时期，白洋淀是燕赵两国的交界地带，两国建设了一系列城池来防御对方。宋辽时期，后周与辽、宋与辽先后在此区域对峙，建立了与塘泺防御工程相融合的城市体系。在白洋淀地区频繁的营城活动正是军事防卫需要的体现。明清时期的大规模人口迁入是由于元明之交的战争导致白洋淀地区人口锐减至历代最低。移民活动驱动了一系列聚落的建立，这里的移民活动包括了官方的移民和人口膨胀导致的自发移民，明代早期官方从河北小兴州等地迁人口至白洋淀建村，到明代中后期由于"人口日演渐稠，土地历年而觉狭"[26]，村民迁至附近另建村落，如明永乐元年田姓从小兴州迁至店头（今淀头），后于明朝嘉靖三十四年，田氏八世祖从店头村迁至圈头村西南七里处建村田家庄（今大田庄村），再后又从田家庄析出小田家庄（今北田庄村），田家庄更名大田家庄。明崇祯末年，田氏另支从东店头（今东淀头）村迁至大田家庄村东二里处建立东田庄村。

（3）水利设施的营建是聚落密度增加的重要条件

各朝各代进行的水利营建，在缓解白洋淀地区洪水灾害的同时，提供了建设可用的陆地与有利于耕作的稳定水环境。白洋淀周边的古代城市形成了堤坝、城墙、水关、闸门、沟河、内湖组成的城市综合防洪体系和聚落环境。许多聚落的建立与其附近的水利设施密不可分，水利设施为村民们提供保护的同时，村民们也承担起维护堤埝的职责，两者互利共生。这些聚落一面近水一面临陆，沟通了内陆与淀区，方便居民开展多种生产与运输活动，在交通、经济与生产方面常具有重要地位。水利营建对聚落形态有直接的影响，并形成了独特的聚落水利营建和管理策略。

白洋淀聚落景观结构与空间分布

3.1 聚落景观的总体空间结构

白洋淀作为华北平原最大的淡水湖湿地、河北最大的淡水湖，其聚落的类型结构和动态变化反映了长时段、多层次人水互动的历史。但因其地处九河下梢，周边洪水频发。其洪水连年的灾祸与处于京畿水运枢纽的地理位置，使得历代王朝都视其水利建设为要务^{注①}，而白洋淀水利建设的首要任务，则是修筑堤埝。不同年代修筑的堤埝构成了白洋淀空间结构的主要限定要素，而堤埝围合而成的洼地单元与水区单元则成为空间结构中两种重要的单元类型。

1. 不断增多的堤埝

白洋淀堤坝最早的原型为战国时修筑的燕长城，其时白洋淀地处燕南赵北之界，清康熙《安州志》载，"古长城堤修筑于燕长城之上"，古长城堤即今天白洋淀的北界新安北堤。秦代在易水河南畔始建"四门堤"，宋代出于建设塘泺防线需要，重修六郎亘堤（新安北堤）、四门堤，新修唐堤、千里堤等大小堤防，形成了白洋淀的东、北边界。有明一代，面对元以来"地可耕而食……中俱系牧马场"[1]的水利失修状况和"杨村河决入（白洋淀），始成泽国"[2]的洪灾，对白洋淀堤埝防洪工程做大量修补工作，新建南堤，形成白洋淀南界，重修包括万柳堤、倒叉口堤、雹河堰（瀑河堰）、孟家沟堤等在内的一系列小堤使其巩固完整，今天的白洋淀堤埝工程也是以明代堤埝为主体的。清代康熙、雍正、乾隆三代，皇家对白洋淀水工给予特别重视，皇帝在白洋淀修筑行宫并多次驻跸，对白洋淀堤埝防洪工程进行系统性修复和梳理，并责成各村分段管理，永久为业，使得村庄与堤坝形成了正式的共生关系[3]。民国年间，农人将堤堰向淀内延伸，自发建成护麦埝等小堤，在新中国成立后将小堤加固为淀南新堤，并新建唐河新道南、北堤。最终，形成了东有千里堤、南有淀南新堤、西有障水埝、北有新安北堤、西南有四门堤与唐河新道南北

注① 例如，史载康熙九年（1670年）因水患后"群盗据水为巢"，命直隶巡抚"发帑万金"，在安州"筑堤一百二十余里"，上游总算"十余年来免水患"，然而下游新安问题尤甚。

堤的，围绕白洋淀总长 436 km 的堤防系统[4]（图 3-1）。

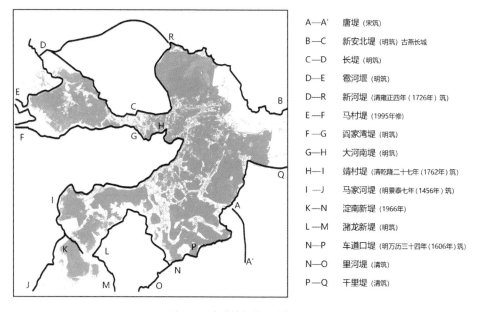

图 3-1　白洋淀堤埝形成年代图
（图片来源：据安新县地方志编纂委员会《安新县志》119 页堤堰分布图改绘）

2. 地貌类型与景观单元

白洋淀周边的堤埝，将这一区域分为两种地貌类型。一种是堤埝之外由水面、沟壕、苇田和水村组成的区域，当地人称之为"水区"。水区被航道、沟壕划分为三十多个以水村为中心的水区单元。另一种是堤埝内围合的陆地，由村镇、农田和少量苇田组成，当地人称之为"淀边区"[1]。这两种标高不同的地貌类型，亦形成了不同的种植格局和农业区划。白洋淀周围 14 段主堤、几十段小埝组成的堤埝，共围合出三个封闭、三个半封闭的淀边洼地。这六个淀边洼地有着彼此独立的空间形态和相对完整的功能组织，可称之为洼地单元（图 3-2、图 3-3）。下面将讨论洼地单元的空间布局特征和形成过程。

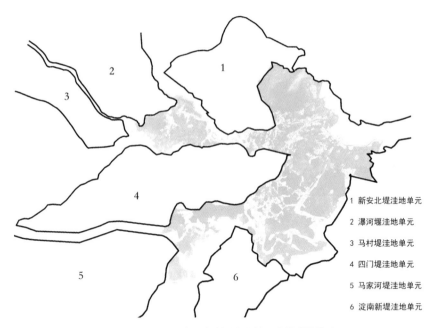

1 新安北堤洼地单元
2 瀑河堰洼地单元
3 马村堤洼地单元
4 四门堤洼地单元
5 马家河堤洼地单元
6 淀南新堤洼地单元

图 3-2　白洋淀区域被堤埝分割而成的洼地单元

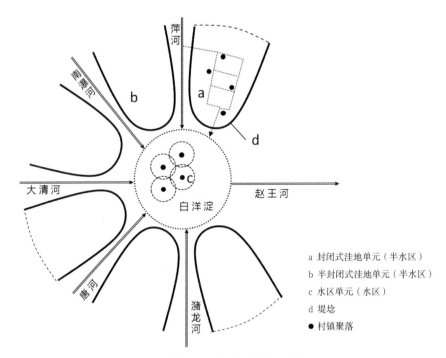

a 封闭式洼地单元（半水区）
b 半封闭式洼地单元（半水区）
c 水区单元（水区）
d 堤埝
● 村镇聚落

图 3-3　白洋淀聚落景观空间结构示意图

3. 洼地单元的空间布局

堤内洼地，兼有耕地和滞洪区功能，在一般情况下为耕地，汛期水位上涨，分洪后变为滞洪区，易受盐碱之害[注①]。由于旱涝的周期性变化，白洋淀地区特别重视堤内洼地沟渠闸田的统筹建设，开挖排水干渠 22 条，以利于排沥与灌溉。洼地单元的沥涝和灌溉成首要问题，因此洼地单元的空间布局以水利灌溉设施建设为核心逻辑，形成闸、渠、田、村共生的人居环境单元（图 3-4）。

以新安北堤以北的洼地单元为例，其空间构成分为四个层次，并且这四个层次对应于洼地单元的土地改造和景观形成过程。

图 3-4　新安北堤洼地单元空间布局图

注①《白洋淀志》载：白洋淀十方院水位达到 10.5 m 时，如水位继续上涨，要依次扒开障水埝、淀南新堤、四门堤、新安北堤，以减小千里堤压力，原属农田的堤内洼地则变为滞洪区。

第一，洼地由面向和背离淀泊两个方向的堤埝与堤脚河流封闭而成，堤埝和堤脚河流成为洼地单元的外围边界。史载世宗雍正四年（1726年）雍正帝派遣大学士朱轼兴修新安堤工，邑人张鳞甲监修，"于淀北容、新交界处，筑横堤一道，堤北开新河一道，使沥水尽由新安东行，出南河闸以归烧车淀……新堤自黑龙口起到南河堤根长30里，建8闸以利蓄、泄启闭"[5]。这样新堤与新安北堤形成封闭堤埝，使得洼地免受沥涝之苦。第二，洼地内由于与外围沥水隔绝，持续的淤灌使得洼地淀泊淤积为肥沃农田。《白洋淀志》载，新河新堤的建成，切断了洼地北来水源，使大溦淀（今大王淀）、宋庄、太平庄、刘家庄、赵庄难以积水，变成良田。民国《新安县志》图中的大溦淀、溦家淀等即表明了淀泊淤积为农田之前的原始洼地地貌（图3-5）。第三，在洼地内广泛修建河渠，串联河闸、村落和农田，形成主要干渠网络。其中渠道分为两种：一种是连通型渠道，如古籍记载"修涞城渠，东灌张村、北浇大王之地；继修六道河渠，引淀水西行浇南、北六里及小王村地"，其中的涞城渠和六道河渠均是与堤外河流两端相通的连通型渠道；另一种则是尽端式渠道，"由麦淀口入淀处建闸一座，引水东行灌溉山西村、申明亭之田"，这种渠道则是枯水期引入淀水灌溉、汛期开闸泄涝的单向尽端渠道。第四，淤积农田处，广泛建设沟洫、规整农田，形成干渠末端的沟洫毛细系统。

综上所述，经过多年的水利建设和农田营治，最终形成"内外堤埝、闸渠相连、沟洫田畴"的洼地单元布局模式（图3-6）。正是这一时期的圩田建设在很大程度上改变了白洋淀的形态，据有关资料，从顺治元年（1644年）到光绪七年（1881年），为围淀造田，必筑堤圩，白洋淀淀区面积缩小了十分之九[注①]。

注① 关于其他洼地单元的建设，亦有相关文献记载。例如，淀南新堤单元有载："世宗雍正六年（1728年），水利营田事务总理怡祥亲王允祥莅境督修水利工程，于堤之东建太平闸、寨南闸、龙头闸、端村闸，引依城河水灌溉，使边村、曲堤、同口、郝关、南冯一带皆获水田之利。"

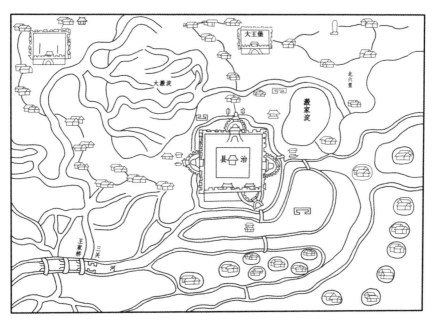

图 3-5 清代淀泊纵横的新安北堤洼地及洼地中的大溵淀和溵家淀，此时洼地河沟纵横，尚未淤为田畴

（图片来源：民国《新安县志》[1]水利图）

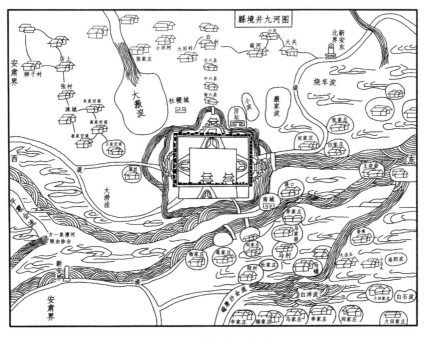

图 3-6 民国新安县境并九河图

（图片来源：舒懋官《新安县志》. 民国19年（1930年））

3 白洋淀聚落景观结构与空间分布 | 043

3.2　地形地貌与聚落空间分布

白洋淀地区水患频繁，堤埝设施经多年建设已相当完善，该区域被堤坝分割为六个片区，分别为新安北堤东片区、新安北堤西片区、千里堤片区、淀南新堤片区、四门堤片区及水区，各区之间主要以堤坝为分界线。依据聚落与堤坝的关系，可将该地区的聚落笼统分为三大类，即水村聚落、堤埝聚落和陆村聚落。

1. 水村聚落分布特征

水村聚落即选址于水区的聚落，位于水中高地之上，常年四面临水，周边有台田、淀泊等，多数呈现岛屿形态。此外，还有较特殊的淤地水村聚落，如位于白洋淀东北角关淀与莲花淀的"水区"，其淀底平均高程分别为 7.8 m 与 8.3 m[5]，近现代以来，此区域超过半数的年度处于干涸状态，呈现陆地地表特征，但结合莲花淀的演变历史来看，此地聚落在建成之初为选址于水域内部的聚落，且周围田地仍保持部分台田的形态，因此属于水村聚落中的淀内淤地聚落。根据水村聚落与水域、堤坝、淤地之间的位置关系，可将其分为三类，即中央水村聚落、边缘水村聚落及淤地水村聚落。

白洋淀地区的水村聚落有 29 个，约占淀区聚落总数的 17.47%（图 3-7）。其中王家寨与郭里口建村于宋政和年间，成村最早，其余水村聚落除季庄子村建于清雍正年间，均为明代建立[5]，明代建立的水村约占水村聚落总数的 90%，由此可推断白洋淀地区水村聚落的建立与明代的移民潮有着较为紧密的联系。水域内部聚落的建立得益于宋代以来长时间的水患治理和堤防建设，逐渐完善的堤防体系使淀区内部的水位和水环境逐渐趋于稳定，大量水村才得以建立。

白洋淀地区水村聚落水陆关系类型及比例见表 3-1。

―――― 主要堤坝　　·········· 淀内航线　　● 聚落位置
①四门堤片区　②新安北堤西片区　③新安北堤东片区　④千里堤片区　⑤淀南新堤片区　⑥水区

图 3-7　白洋淀地区水村聚落分布图

表 3-1　白洋淀地区水村聚落水陆关系类型及比例

类型示意图	典型聚落卫星图	聚落名称与占比
中央水村聚落	郭里口村	北何庄、王家寨、郭里口、邵庄子、光淀、圈头、大田庄、东田庄等，占比约为 48.3%
边缘水村聚落	寨南村	北刘庄、漾堤口、小张庄、寨南村、东淀头、大淀头、赵庄子、李庄子、刘庄子、下张庄、何庄子，占比约为 37.9%
淤地水村聚落	季庄子村、王庄子村	季庄子、王庄子、孙庄子、杨庄子，占比约为 13.8%

表格来源：示意图自绘，卫星图取自 1970 年美国地理测量局白洋淀地图。

2. 堤埝聚落分布特征

本书中的"堤埝聚落"特指位于堤埝顶部或其附属高地上的村落。堤埝聚落的选址主要是出于抗洪防汛的需求，也有出于选址近水临陆方便居民开展多种生产活动的考虑，是生产与防洪共同作用的结果。根据堤埝聚落与水域、堤坝、陆地之间的位置关系，可将其大致分为三类，即建于大型堤坝之上的"堤坝村"、建于小型民埝上的"民埝村"和建于堤埝毗邻台地上的"邻堤台地村"。

堤埝聚落依托水利设施建立，平面形态要素丰富，组合关系多变，常在交通、经济与生产方面具有重要地位。白洋淀地区的堤埝聚落有36个，约占该地区聚落总数的21.69%。其分布见图3-8。目前除段家坊子村、拥城村、留通村、韩村、古庄头村、与马蹄湾村6个村子始建年代待考外，最早建立的聚落为战国时期便已建成的浑埿城（安新县城）、安州桥南村、安州桥北村、十里铺村、赵北口镇，另外同样建成较早的还有始建于西汉年间的李广村和韩堡村，其余聚落中建于宋代的有4个，建于明代的有17个，建于清代的有2个。白洋淀地区堤埝聚落类型及比例见表3-2。

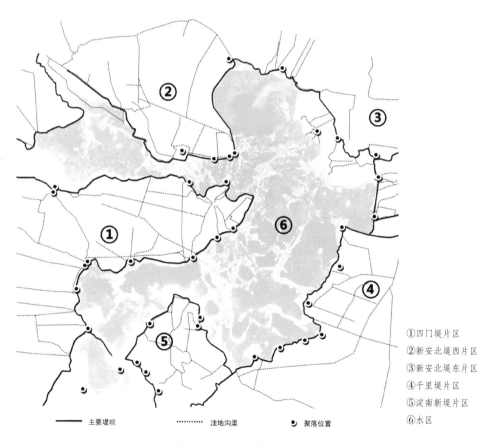

图 3-8 白洋淀堤埝聚落分布图

（图片来源：据1970年美国地理测量局白洋淀地图改绘）

表 3-2 白洋淀地区堤埝聚落类型及比例

类型示意图	典型聚落卫星图	聚落名称
建于大型堤坝之上的"堤坝村"	西七里庄	桥北村、西七里庄，占比约为6%
建于小型民埝上的"民埝村"	马堡村	安新县城、宋庄、大张庄、桥南村、马堡村、端村、关城村、枣林庄等，占比约为86%
建于堤埝毗邻台地上的"邻堤台地村"	古庄头村	拥城村、韩堡村、古庄头村，占比约为8%

表格来源：示意图自绘，卫星图取自1970年美国地理测量局白洋淀地图。

3. 陆村聚落分布特征

陆村聚落为分布于白洋淀外陆地之上的聚落，这些聚落一般以粮食种植为主，其利用水资源的方式同其他两类相比更加复杂，需要临河建村、开渠引水、挖塘储水或打井以供日常使用及农田灌溉。

陆村聚落是白洋淀地区聚落中占比最大的聚落类型，有101个，约占该地区聚落总数的60.84%。其分布见图3-9。除其中15个始建年代待考的聚落，其余聚落中建立较早的有始建于战国时期的鄚州城、安州城，始建于秦代的雄州城，始建于两汉三国的涞城村、杨西楼村，始建于唐代的大唐头村与始建于五代的领军村等；15个聚落建于宋代，这些聚落在古代均为重要的边防城池；其余聚落中明代移民时所建聚落占大多数。早期边防聚落虽规模较小，但在整个地区聚落营建的过程中承担了聚落组团中心的角色，其地位不可忽视。

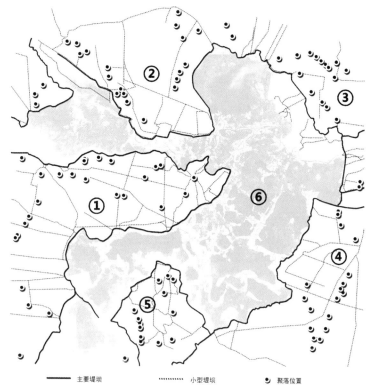

①四门堤片区　②新安北堤西片区　③新安北堤东片区　④千里堤片区　⑤淀南新堤片区　⑥水区

图 3-9　白洋淀陆村聚落空间分布

（图片来源：据 1970 年美国地理测量局白洋淀地图改绘）

3.3 聚落高程与规模特征

由于白洋淀区域地势低洼，水患频发，所以聚落高程特征是聚落雨洪安全与环境品质的首要考察指标。在古代有限的地形增益条件下，地形高程对聚落规模有较强的限制作用。本节分析六个片区聚落的高程和规模特征，厘清聚落的空间分布规律。

1. 聚落的高程特征

笔者使用白洋淀区域地形图，以堤埝划分的六个片区为统计单元，分析其聚落高程的分布特征，得出各片区聚落高程特点（图3-10）。

总体来看，六个片区内聚落高程的平均值是8.3~10.5 m，并且在各片区中，堤埝聚落的平均高程普遍高于陆村聚落。可见，该地区聚落整体倾向于"台上建村""堤上建村"的营建策略。将堤埝聚落与陆村聚落分开来看可以发现，堤埝聚落的平均高程为9.2~10.5 m，其中平均高程最高的为新安北堤西片区，平均高程最低的为淀南新堤片区；陆村聚落的平均高程为8.3~9.8 m，平均高程最高的为新安北堤东片区，平均高程最低的为千里堤片区。从极值方面看，六个片区内，千里堤片区内的堤埝聚落和陆村聚落的平均高程的极差值都是最高的，反映了千里堤片区内聚落高程分布的分散度明显高于其他片区。

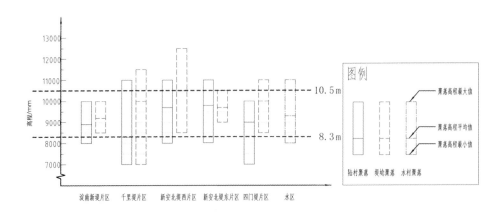

图3-10 白洋淀地区各片区传统聚落高程分布，聚落平均高程为8.3-10.5 m

经过实地调研，笔者发现白洋淀地区从古至今的村落选址特征有一定变化。明清时期的传统村落建成区通常习惯于择高而居，而近现代村落建成区基本都是选址于地势较低且平坦的区域。这一现象是近代以来人口膨胀导致的，给这一区域防洪安全带来很大隐患。

2. 聚落的规模特征

聚落建成区面积反映了聚落的人口规模和建设强度，因此针对白洋淀地区聚落面积进行数据分析，可得出各片区内聚落的规模特征（图3-11）。由于各片区内城市聚落的规模远超一般乡村聚落，因此针对各片区聚落建成区面积的统计与分析，需要将城市聚落与乡村聚落区分开，以避免两种聚落之间巨大的规模差异带来的统计误差。

总体来看，六个片区的聚落规模平均值为4~10 ha，其中规模平均值最大的为新安北堤东片区的堤埝聚落，规模平均值最小的为水区的水村聚落。原因在于水村聚落处于水域中央，扩张阻力远超堤埝聚落与陆村聚落。将堤埝聚落与陆村聚落对比

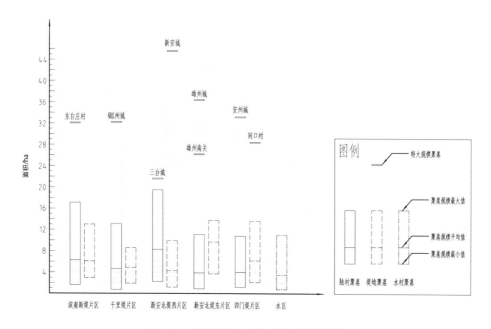

图 3-11　白洋淀地区各片区传统聚落规模分布

可知，堤埝聚落规模平均值为 4.2~10 ha，其中规模平均值最大的为新安北堤东片区，平均值最小的为新安北堤西片区；陆村聚落的规模平均值为 4.1~8.8 ha，其中规模平均值最大的为新安北堤西片区，平均值最小的为新安北堤东片区。

除此之外，将白洋淀地区的聚落规模特征与高程特征关联起来进行分析，可以看出聚落的高程与规模存在耦合关系。如水区聚落虽处于整体地势最低的淀区水域内，但其聚落平均高程高于部分地上聚落，且其聚落平均规模是六个片区内最小的。其背后原因在于淀内水村聚落缺少堤坝的保护，必须将自身地坪抬升至大部分年份的平均水位之上，这就意味着无论是填淀造田还是填沟造陆，其人工建造的高差都是白洋淀地区所有聚落中最大的；而也正是因为水区聚落的人工建造难度较大，聚落规模普遍较小。

白洋淀城乡聚落格局与影响因素

白洋淀地区的聚落可分为城市聚落与乡村聚落两大类。城市聚落作为区域性行政与商贸中心，拥有完整的城墙、道路系统、水系及公共基础设施，且规模较大，一般面积在 20 ha 以上；乡村聚落则是作为城市周边的"卫星聚落"建立的，其空间形态与水体、苇田、堤坝关系密切，有着鲜明的淀区特色。下文将对城市聚落、乡村聚落的空间格局展开研究，并探索其影响因素与形成机理。

4.1 城市聚落的城郭、格局与水系

白洋淀周边城市聚落有位于白洋淀核心区域的安州、新安、鄚州、雄县四城，亦有位于白洋淀外延区域的高阳、任丘、容城等。本节将主要以这七座古代城市的聚落为对象，从城池尺寸与轮廓，街道格局与城门设置，堤坝、城墙与水系三个方面入手，对城市聚落的空间形态展开分析。

1. 城池尺寸与轮廓

笔者根据《任邱县志》《安新县志》《雄县志》等县志城池图，在1970年美国地理测量局地图中的城市航拍图基础上等比例绘制，得出各城的轮廓尺寸图（图4-1）。其中，面积最大的为鄚州城，南北长1600 m，东西宽1500 m，面积192 ha。雄县城、任丘县城、新安县城、安州城、高阳县城面积依次递减。容城县城最小，南北、东西均为500 m，面积25 ha。王贵祥曾根据《周礼·考工记》和《逸周书》推断，明清县城的标准尺寸为方3里到方1里[1]，白洋淀城池面积基本符合这一标准，但实际城池轮廓却并非方形，形态差别较大。

中国古代城市根据城市形态可以分为规则城和不规则城两大类[2]。七座城池中，新安、安州、雄县、鄚州四座城池均是明显的不规则形。其原因与距离淀区水面近、城址高程较低、受到自然地形地貌影响有关。雄县城的外形在《雄县志》中被描绘为十字形，在卫星图中显示为南北长、东西短的不规则形；新安城形似平行四边形而各边屡有转折；安州城西北为大段弧墙，东南有明显缺角；鄚州城在四方城的基础上，在东南角内凹成缺角。其余三座古城轮廓接近于标准的四方形，但容城的城

市整体朝向与正南北向有较为明显的夹角；高阳、任丘的城池一扁、一长，某些城墙轴线也与南北方向有相当角度的偏差。

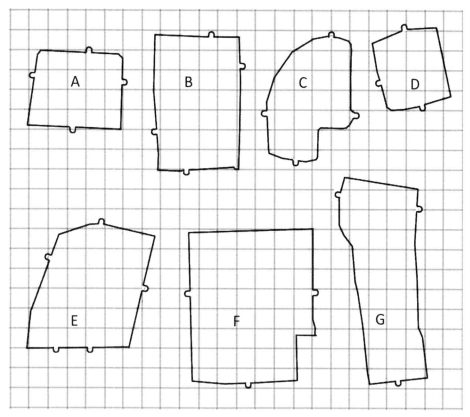

A—高阳；B—任丘；C—安州；D—容城；E—新安；F—鄚州；G—雄县。

图 4-1　白洋淀城池轮廓及其尺寸

2. 街道格局与城门设置

白洋淀周边的历史城市因受到白洋淀或入淀河流的影响，其城市形态具有突出的水环境特色，下文以受白洋淀影响最大、水城特色最为鲜明的新安、安州、雄县、任丘四城为例。

为了与城内河湖遍布的自然地貌相协调，城门、主街布局灵活，没有恪守居中的位置，因而形成不同的格局类型。安州城受地形影响，城池东南缺角，因而南街向西移，南北两街与东西街形成丁字交叉口，形成风车状的主街格局。雄县由于北城内池沼丰富，平面是变异的丁字形主街，由此形成东、西、南三门。新安城在十字形主街形制之外，在南门东侧开小南门，有五座城门，南北主街东西相错，避开西南角水面的干扰。任丘城内主街为了避免与城内水面相交，形成对角式风车状平面。

城门中比较特殊的一类是连通城内外水系的水门，这些水门涝则开启泄洪，旱则闭以储水，对城市防洪取水有着关键作用。例如，任丘县在四座城门基础上，每边城墙各有一座水门，连通城内河道和湖泊，由此形成四城门、四水关的独特格局（图4-2）。

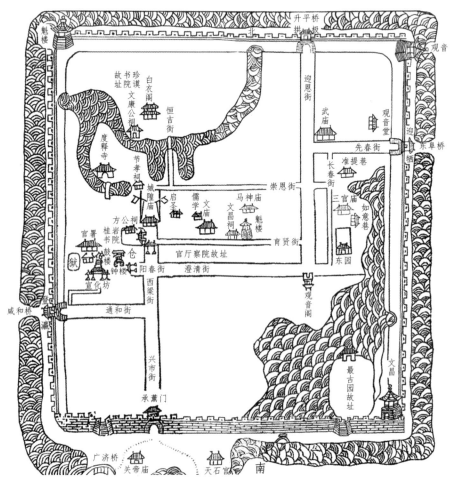

图4-2 任丘县县城图

（图片来源：清乾隆《任邱县志》[3]）

3. 堤坝、城墙与水系

图 4-3 所示的四座城出于防洪需求，都具有一定双重城的特征。内圈是通常意义上的城墙和城壕；外圈有两种，一种是为防止淀泊溢水侵占农田和城镇的第一道堤坝，以及修筑堤坝取土而形成的沟渠（新安、安州），另一种则是城市周边泥沙量大、易于涨水的河流及其护堤形成的罗城（雄县）。第二重城的形态并不一定是

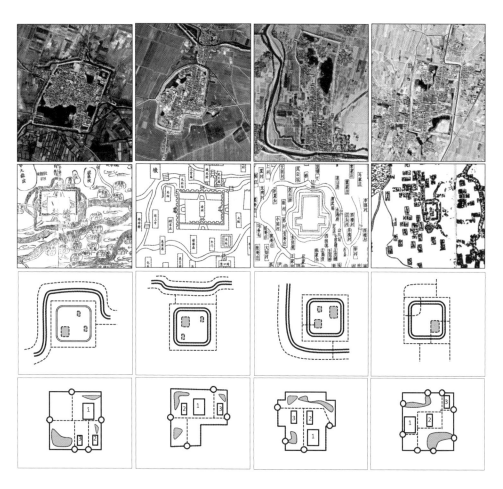

图 4-3　白洋淀城池形态及环境模式图

注：从左到右各列依次为新安县城、安州城、雄县县城、任丘县城。第一行是从1970年美国地理测量局地图中截出的城市航拍图[4]；第二行是从各地县志"县境之图"析出的城池环境图；第三行是城墙、堤坝、水系的布局模式图，其中虚线表示水系，双实线表示城墙或堤坝；第四行是从县城图抽象得出的城池布局模式图，其中1、2、3分别表示县治或州治、文庙、关帝庙，灰色代表城内水面。

（图片来源：作者在美国地理测量局地图、《任邱县志》《安新县志》《雄县志》等基础上分析绘制）

闭合式的，因其城市处于水环境中的不同位置，其堤坝形态可能是三面或两面。

这些城市有着丰富的内外水系，这些水系包括绕城而过的外部水系（包括护城河）、穿城而过的内河及城内的池沼湖面三种类型。城池的内部水系和外部水系之间有三种不同的连接方式。第一种是外河与内湖的尽端式连接，如雄县，为了单纯方便城内排涝而建成西南水门。第二种是外河与城内河湖两端连接，形成穿城而过的水系，如任丘城，两条河流穿城而过，且在城内形成湖面，使得城内水面可以随着水门闸口启闭而得以调节，因此大大提升了城内取水、排涝的能力。例如，《任邱县志》载："水关四座，以泄城中聚潦，咸甃以石，防以闸，以时启闭。"第三种则是城内、城外彼此分离的水系连接，如新安、安州，城内水面是取土垫高房基而形成的，虽未与外部水系相连接，但仍在一定程度上提高了洪涝时期的城市水适应能力[5]。

4.2　乡村聚落的形态类型与街巷格局

由第 3 章可知，白洋淀地区的传统聚落分为三种类型，即陆村聚落、堤埝聚落和水村聚落。在这三种形态类型之下，详细考察其水体形态、堤埝形态、台田形态及其与聚落的关系，又可以得出一系列细分类型。

1. 陆村聚落形态类型

水体与聚落居民生产生活息息相关，水体的存在形式亦对聚落的整体形态产生了相应的影响。在白洋淀地区陆村聚落中，水体可分为池塘水体和河渠水体，相应形成了两类陆村聚落。

池塘水体，即聚落中边缘清晰的作为生产生活备用水源的露天小型池塘。该类聚落一般以聚落内部或边缘地带的池塘作为水源进行蓄水，这种蓄水形式在我国其他地区的聚落中也十分常见，但对比一般平原聚落，白洋淀地区陆村聚落蓄水池塘有着独特的形成逻辑。

白洋淀陆村聚落一般分布于白洋淀主要堤坝围合的低洼地带，这些洼地的平均高程甚至低于淀内的台田，因此在降雨较多的年份聚落难免受到洪水侵袭。为应对灾害，大部分陆村聚落需要用大量土方将地基垫高，因此规模稍大的聚落在聚落周边挖取土方时便会形成较大的坑塘，在聚落建设过程中，这些坑塘也就成为蓄水和养殖池塘；也有一部分池塘是由原聚落周边水域或河道退化改造而成的，如三台镇狮子村等聚落周边水塘，从其20世纪70年代的卫星照片中仍能辨认出干涸后的季节性水道，其形态明显不同于人工开挖的沟渠，可推测这些带状水体是附近河流经自然退化与人为改造而成的，这些河流支流在尽端处被放大和深挖形成了如今的储水池塘。其平面形态见表4-1。

表4-1 池塘水体聚落的类型与比例（表格中比例为类型内占比）

水体与聚落模式图	典型聚落卫星图	聚落名称与占比
点状池塘聚落	张村	张村南际头、张村北际头、大寨、前午门、后午门等，占比约为87.2%
带状池塘聚落	大赵庄村	大赵庄、西向阳、安州东关、庞临河、南马庄，占比约为12.8%

表格来源：作者在1970年美国地理测量局卫星图基础上分析得出。

河渠水体，指流经白洋淀周边陆地的自然河流与沟渠。前文提及流经白洋淀地区的河流众多，陆村聚落灌溉与生活用水多依靠由淀边接入的沟渠，长久以来这些沟渠形成网络，同时也影响了聚落的平面形态。由于白洋淀周边陆地沟渠密度较高，如四门堤洼地等，大部分陆村聚落附近均有沟渠经过，而这些沟渠通常宽度极小且会定期干涸，一般只考虑构成沟渠网络主要框架的直接由淀边接入的主渠与部分二级支渠。然而分布在直连白洋淀的主渠或二级支渠边的聚落颇为有限,这些依托较宽阔的河流沟渠建立的聚落有 16 个,约占陆村聚落总数的 15.8%,其平面形态见表 4-2。

表 4-2 河渠水体聚落的类型与比例

水体与聚落模式图	典型聚落卫星图	聚落名称与占比
水体与聚落边界不重合型	九级村	段家坊子、高召、九级、郝庄、向村、北菜园,占比约为 37.5%
水体与聚落边界重合型	马村	大教台、小刘庄、杨刘庄、马村、小刘、朱公堤、七级、刘李庄、南菜园,占比约为 56.25%
水体与聚落边界完全重合型	马家寨村	马家寨,占比约为 6.25%

表格来源:作者在 1970 年美国地理测量局卫星图基础上分析得出。

2. 堤埝聚落形态类型

堤埝聚落中，堤埝形态有月堤、台堤、线性堤坝等类型，相应地可将堤埝聚落划分为月堤型、台堤型、半岛型三种类型。

（1）月堤型聚落

月堤即古时在重要堤段上临河或背河一侧修筑的形似新月的堤，又称圈堤。《元史·河渠志二》记载："（文宗至顺元年）六月五日，魏家道口黄河旧堤将决，不可修筑，以此差募民夫，创修护水月堤。"[6]《钦定大清会典·工部·都水清吏司》记载"凡工有堤"，还注释："堤之式有大堤，有月堤，有越堤，有遥堤，有缕堤，有格堤，有撑堤，以土或石为之。"[7] 月堤型聚落一般位于主堤临水一侧，一面依托主堤，另一侧则修筑月堤，主堤与月堤环绕聚落建成区，这样即使水位上涨略超聚落地表，聚落内部仍能在月堤保护下免遭水患。月堤型聚落一般边界清晰明显，能形成完整紧密的聚落核心空间。月堤型聚落有 4 处，约占堤埝聚落总数的 11.1%，其平面形态见表 4-3。

表 4-3 月堤型堤埝聚落示意

堤坝与聚落模式图	典型聚落卫星图	聚落名称
月堤型聚落	关城村	端村、关城村、古庄头村、马堡村

表格来源：作者在 1970 年美国地理测量局卫星图基础上分析得出。

（2）台堤型聚落

与月堤型聚落相比，台堤型聚落没有明确的副堤，其建设用地多为地势较高的平台，且平台通常是由堤坝两侧垒土拓宽而成的。当聚落建成区位于沿堤沟渠与堤坝之间时，其建成区的高程常与陆地高程之间有着明显突变，而当建成区与陆地土地直接接壤时，台堤型聚落在背水一侧与陆地之间的高程并无明显的突变，其地势变化小，因此其聚落边界同前者相比较为模糊。多数台堤型聚落受到堤坝走向的影响，逐渐发展为长条状形态。台堤型堤埝聚落有 27 处，约占堤埝聚落总数的 75%，其常见平面形态见表 4-4。

表 4-4　台堤型堤埝聚落示意

堤坝与聚落模式图	典型聚落卫星图	聚落名称与占比
聚落跨堤而建	同口村	宋庄、小田庄、西淀头村、枣林庄、大马庄、北马庄、拥城村、留通村、赵北口村、同口村、韩村、高楼村、马蹄湾村，占比约为 48.15%
聚落与堤坝直接接触	北冯村	南冯村、北冯村、韩堡村、辛口村子、七间房、南曲堤村、北曲堤村、十里铺村、泥李庄、梁沟村，占比约为 37.04%
聚落与堤坝之间不存在接触	西、中、东七里庄村	西七里庄村、西大坞村，占比约为 7.41%
聚落成对分别位于堤坝两侧	桥南村、桥北村	桥南村、桥北村，占比约为 7.41%

表格来源：作者在 1970 年美国地理测量局卫星图基础上分析得出。

(3) 半岛型聚落

半岛型聚落的主体部分常位于堤坝面水一侧,虽与堤坝之间存在物理联系,但其主体多深入淀内,呈三面或四面临水的状态。该类聚落同台堤型聚落的构成元素类似,由台与主堤构成,部分半岛型聚落在面水一侧会修建小型堤埝以抵御极端情况下的水位上涨。半岛型堤埝聚落与主堤的接触界面较小,一般接触点为堤坝的阳角转折处。这类聚落有 4 处,约占堤埝聚落总数的 11.1%,其常见形态见表 4-5。

表 4-5 半岛型堤埝聚落示意

堤坝与聚落模式图	典型聚落卫星图	聚落名称与占比
单段型半岛	大树刘庄村	大树刘庄村、南刘庄村,占比为 50%
双段型半岛	大张庄村	大张庄村,占比为 25%
三段型半岛	李广村	李广村,占比为 25%

表格来源:作者在 1970 年美国地理测量局卫星图基础上分析得出。

3. 水村聚落形态类型

根据建成区与台田的平面组合关系，可以将水村聚落大致分为镶嵌型聚落、群岛型聚落、串联型聚落三种类型（表4-6）。

镶嵌型聚落，指建成区与台田交错、相互咬合分布的聚落。这些聚落分布于淀区西南部白洋淀、泛鱼淀一带，原因在于该部分水域的淀底高程较高且面积较大，会形成面积广阔且形态相对完整的台田板块。这些处于板块内部的聚落被周边的台田紧密围绕，相邻水域并不宽广，航行线路少且限制较多，整体形态呈现出板块镶嵌的特征。水村聚落中属于镶嵌型聚落的有东田庄、大田庄、北田庄等12个聚落，约占水村聚落总数的41.4%。

群岛型聚落，指建成区位于中心，台田以群岛状散落分布于周边的聚落。这类聚落主要分布于淀区中部偏北的捞王淀、唐家淀、烧车淀以及四门堤东南段附近。群岛型聚落一般由聚落核心与周边散布的台田两部分构成，其中聚落核心在建村之初一般位于水中高地，其边缘清晰明确，且大部分聚落的聚落核心至20世纪70年代仍清晰可辨，经过长时间的水面通航与台田开发，航道、港口与台田的分布格局逐渐稳定，即台田沿航道延伸分布，以码头为节点与聚落核心相接，台田之间水道较宽，整体呈松散的放射状。该类聚落共有14处，约占水村聚落总数的48.3%。

串联型聚落，指建成区以串联的形式分布于带状台田之间的聚落。串联型聚落的平面构图同镶嵌型聚落相似，但其聚落核心临水界面较镶嵌型聚落长，能够与周边的水体有一定接触。此类聚落共有3个，约占水村聚落总数的10.3%。这种带状台田的形成原因与淀内分隔性堤坝的建设和废弃有关。

表 4-6 水村聚落形态示意图

台田与聚落模式图	典型聚落卫星图	聚落名称与占比
镶嵌型聚落	西李庄村	北刘庄、漾堤口、西李庄、东李庄、邸庄、东田庄、大田庄、北田庄、季庄子、王庄子、何庄子、孙庄子，占比约为41.4%
群岛型聚落	郭里口、王家寨	小张庄、王家寨、郭里口、北何庄、东淀头、大淀头、寨南村、邵庄子、光淀等，占比约为48.3%
串联型聚落	圈头、采蒲台	梁庄、圈头、采蒲台，占比约为10.3%

表格来源：作者在1970年美国地理测量局卫星图基础上分析得出。

4. 聚落街巷格局类型

白洋淀地区的乡村聚落街巷格局类型多样，从简单至复杂依次有单主路一字型、单主路鱼骨型、环形双主路型、丁字双主路型、十字双主路型、网格型、外环路型、内环路型八类（图4-4）。此八类交通体系之间既存在并列关系，又存在发展程度上的递进关系。

（1）单主路型聚落

一般情况下，聚落最初会以一条中心道路为依托，在道路两旁展开建设，此时聚落常为单主路一字型聚落，如泥李庄村、南刘庄村、安州南关村、安州东关村与

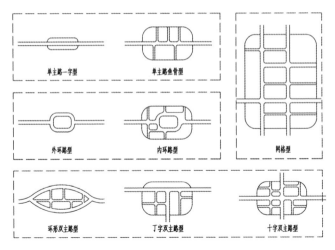

图 4-4　白洋淀地区聚落街巷格局类型示意图

郑州南关村等。聚落主路既承担着聚落内部交通功能，又承担着聚落对外交通功能，多为附近大型城市聚落中主路的延伸部分，或堤顶道路的一部分。单主路型聚落整体多呈狭长状，同时聚落亦会沿线性道路方向不断扩张。此种聚落多数属于陆村聚落和堤埝聚落，且规模较小。

随着聚落的扩张与发展，垂直于聚落主路的方向逐渐形成更大面积的新建成区，当位于聚落边缘的新建区域不能满足居民方便使用主路的需求时，为解决居民日常交通、交易与集会需求，其他的支路便会被适时地开辟出来，此时聚落仍以中心道路为主路，但垂直于主路亦产生了若干深入居住区内部的小型支路，此时聚落交通形态为单主路鱼骨型，如王家寨村、边村、郝关村、西淀头村等。同单主路一字型聚落相比，此类聚落规模更大，聚落的水陆关系也更加复杂。这些主路有的是陆地区域内主要交通道路的一部分，有的是堤顶道路的一部分，亦有水村聚落中早期填淀造陆时在原沟壕和航线的位置填泥培土而成的道路。

（2）双主路型聚落

双主路型聚落较单主路型聚落的交通体系更加复杂，其中部分聚落是由单主路体系逐渐发展扩展而成的，同时亦有部分聚落在建设之初便主动采用双主路的基本形态。在双主路型交通中存在着环形双主路型、丁字双主路型、十字双主路型等多种交通形态，其中环形双主路型聚落和丁字双主路型聚落多属于堤埝聚落。

当堤埝聚落在发展过程中逐渐向内陆扩张时，部分聚落内部会出现平行于堤坝的第二条主路，该主路于首尾接入堤顶道路形成闭环，构成环形双主路交通系统，如北冯村、枣林庄村、梁沟村等；当聚落具备月堤时，聚落往往会同时向淀内和内陆两个方向扩张，随着聚落的建成区跨越月堤向淀内更深处发展，聚落内部将沿月堤发展出第二条主路，月堤与主堤沿线的两条道路会形成两条于月堤首尾端点闭合的环路，承担起主要的对内和对外交通功能，形成另一种环形双主路系统，如马堡村、端村、北冯村等；当堤埝聚落在发展过程中逐渐向内陆扩张时，聚落内部必然出现新的主路或支路，而当聚落恰好位于区域主要交通与堤顶道路的交点，或聚落在发展过程中以自身为起点与周边聚落共同建设起深入内陆的区域主要交通道路时，聚落内的主路形态即为丁字双主路型，如桥南村、十里铺村等。

此外，双主路型聚落还包括十字双主路型聚落。此类聚落多位于内陆区域，聚落内的交通格局类似于单主路鱼骨型，但可以明显分辨出两条垂直方向的同时承担对内和对外职能的主路，如东垒头村、磁白村、大寨村等。

（3）环路型聚落

在白洋淀地区的传统聚落中，外环路型聚落的形成机制揭示了聚落建设针对水环境要素做出的重要回应——防洪防汛。

外环路型聚落一般位于淀区陆地地势较为低洼的地带。在聚落建设初期，居民选择地势较高的地点建设聚落，在建设过程中聚落的地坪不断被抬高，以躲避频繁的洪水，久而久之聚落呈现出"台上建村"的形态特征。聚落边界的高差使聚落的边界扩张备受限制，却为环形道路的建设提供了较为明确的依据，加之聚落的面积较小，外环道路能够满足聚落内部交通便捷性需求，因此在四门堤洼地与其他地势低洼的地带，该类型聚落出现的频率较高。具有此种街巷格局的聚落有小赵庄、大赵庄、东杨庄等。

随着人口的增多，外环路型聚落继续扩张。这个过程中居民会在主要道路两侧建设新建筑，从而实现聚落的放射状扩张，当扩张区域达到一定规模时，新的支路便会以环路为起点向新建区内部延伸，聚落的交通系统便逐渐呈现出以内环路为中心的放射状道路系统形态，但从本质上来说，其应为外环路的一种变异形态。

(4) 网格型聚落

网格型聚落在白洋淀地区广泛存在，这是一种在前述各类聚落街巷格局基础上发展而成的复合型聚落形态。如作为堤埝型典型聚落的关城村，在其聚落建设初期，聚落被月堤和四门堤围合，后期发展过程中不断开辟垂直和平行于堤坝的次要道路，最终形成了内部纵横交错的网格型路网；又如作为陆村聚落的辛庄村则拥有更为方正的路网系统，在聚落建设初期应是单主路型聚落，不断扩张并开辟道路连通周边区域，得益于其地势较高且平缓，聚落扩张限制少，许多支路可以沿相对端正的方向开辟，最终形成相对规整的网格型路网；再如位于水域中心的圈头村，在水域边界的限制下起初内部路网亦相对简单，但随着聚落的扩张，台田之间的沟壑演变为道路，而大小变化相对规律的台田亦作为其扩张过程中新建街区的形态依据，使圈头村的路网在聚落扩张过程中自然形成了具有尺度模数的网格型路网格局。

4.3 影响因素：人水互动的视角

上文针对城市聚落和乡村聚落两类对象，研究其主要聚落格局特征，分别分析了城市聚落的城郭尺寸、街道格局与水系堤坝等格局形态，以及陆村聚落、堤埝聚落、水村聚落的不同形态特点。下文将分别讨论城市、乡村两种聚落格局形态的主要影响因素和形成机制。

1. 影响城市聚落格局的主要动因

(1) 军事防御与行政建制的驱动

白洋淀地区的古城多是出于军事防御或行政建制考虑而营建的。上文中提到的白洋淀地区营城的三个阶段中，战国时期和五代宋辽金时代是白洋淀作为地方政权分界线的时期，其频繁的营城活动正是政权边界线军事防卫需要的体现。秦汉时期和明清之际，则是出于国家行政管理的需要，例如秦"鄚名城"之后建立高阳，汉建立容城、任丘，明代重修新安、安州、雄县等城池。

单个历史城镇的营建、扩建、改造也与军事防御因素密切相关。例如，雄县县城从南向北逐渐拓展的过程就是军事防御功能影响下城市发展的典型代表。唐时创立瓦桥关，在瓦桥两侧形成防御性设施与聚落。五代后周显德六年，世宗伐辽，收复瓦桥关置雄州而营城。北宋景德初年，为防止辽军而扩展北城，形成南北狭长的县城形态，同时修筑外罗城（图4-5）。

（2）礼制和水环境的互动

出于行政建制而营城的结果就是，城市受到礼制因素的决定性影响。据斯波义信《中国都市史》中对254个府州县城的研究，其中正方形或矩形的城146个，符合《周礼·考工记》对城池理想的方形形态描述[8]。然而在可考的白洋淀七座城中，有四座城池轮廓为明显的不规则形，剩下三座城轮廓形似矩形，但其形态因受到地形、水流影响而非标准矩形。主要街道和城门的分布顺应地形变化和池沼分布，并非呈现严整的十字形状，可能演化出风车型、对角型、丁字型等形态，这体现了礼制和水环境对城郭轮廓、街道分布的综合影响。例如，在县志城池图中安州仍被描绘为一种接近理想矩形的形态，但卫星图显示安州城的西北角因淀泊支流水系流过而呈弧线形，东南角则因为地势低洼而缺角，这体现了城池营建的理想形制与顺应自然的现实营建之间的复杂关系。其虽在东、南、西、北四个方向设城门，但由于城内西北、东南两角地势低洼而将北门向东错动、南门向西错动，由此形成风车型城市

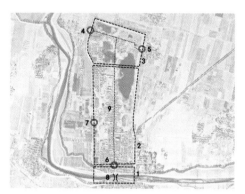 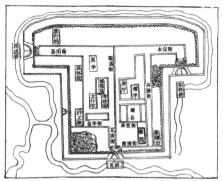

1—唐瓦桥关区域；2—五代时期雄州城范围；3—宋代北拓的雄县城范围；4—易阳门；5—永定门；6—瓦济门；
7—西水门（龙门楼）；8—瓦桥；9—瓦济街。

图4-5 军事防御影响下雄县城的三个发展阶段

（图片来源：左图是作者根据1970年美国地理测量局雄县地图自绘而成的；
右图取自《雄县志》雄县城池图）

格局。在此基础上，依然遵循了州治衙门居中，文庙、武庙分列左右的礼仪性布局（图4-6）。

（3）水利工程技术因素和水环境文化的影响

白洋淀地处九河下梢，泥沙淤积严重、洪水频发，因此水利工程建设一直是影响城市特征的突出因素。宋代时设立河北屯田司、缘边安抚司等专门管理机构，委任河北转运使兼都大制置使，负责筑堤、开沟、置斗门、开陂塘，通过人工治理形成二十九个淀泊相连接的区域城镇体系[9]。明清时期，围绕白洋淀一直都有堤坝修筑、闸口建设及其相关的农田管理活动，特别是康熙、雍正、乾隆三代，大规模兴建堤闸、涵洞、引河，甚至建立皇帝行宫督促水利建设，连接各个朝代的水利工程形成整体性的水利设施体系。

与区域性的水利工程同时进行的是城市水利经营活动。白洋淀周边的古代城市形成了堤坝、城墙、水关、闸门、沟河、内湖组成的城市综合防洪体系和聚落环境。特别是历史城镇双层水系、内外罗城成为其城市防洪体系中独具特色的重要组成部分（图4-7）。

此外，在水环境文化因素影响下，白洋淀城市形成了包括水神庙、郊坛、码头在内的城市水文化要素网络。城内或城门外常有各类水神庙分布，构成了独具特色的古城水神崇拜系统。作者根据各县县志中"县境之图"进行不完全统计，雄县以东、

 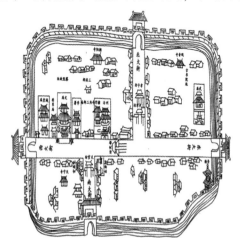

图4-6 自然与礼制共同作用下的安州城布局

（图片来源：左图是作者根据1970年美国地理测量局安州地图自绘而成的；右图取自《安新县志》安州城池图）

 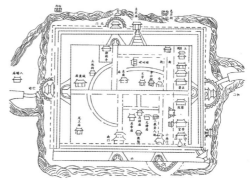

1—南港河；2—护城河；3—南码头；4—西码头；5—东码头；
6—龙王庙；7—真武庙；8—禹王庙；9—南坛；10—北坛；11—西坛。

图 4-7 水利工程技术与水环境文化影响下的新安城
（图片来源：左图是作者根据 1970 年美国地理测量局新安地图自绘而成的；
右图取自《安新县志》新安城池图）

白沟河以北有龙王庙（亦作五龙宫），雄县以西、白沟河以南有河神庙；安州城北有龙王庙；新安城西南角有龙王庙，城北有真武庙，南门外和城内各有一座禹王庙等。城市周边的郊坛位置与河流、淀泊的分布有密切的关系。这种坛庙通常分布于"水口"位置的特性，似乎揭示了古人坛庙选址与祈求水利安全之间的文化心理关联。例如，雄县城的山川坛、风云坛分列古城西北和东南，分别位于白沟河流入、流出护城河的水口位置，起到镇守水口的作用；安州城的北坛、无社坛和东坛分列古城西北和东南角，分别把守大清河向北和向南的水口位置；新安城护城河与溉家淀、大溉淀之间分别有厉坛、社稷坛，与南港河之间有南坛。以上提到的水神庙、郊坛常在城外码头处形成水文化特色聚集区，这些码头坛庙聚集区成为白洋淀城市水运昌盛的重要见证。

2. 影响乡村聚落格局的主要动因

（1）水利规划与工程是影响聚落格局的首要因素

白洋淀洪水频发，人们难以生存，"群盗据水为巢"，直接威胁着京畿安全。宋代时，就设立专门管理机构（后何承矩任制置河北缘边屯田使），负责营筑堤坝、开决陂塘，通过人工治理使这些塘泊不断发挥水利效益。明清各代对堤防安全和农田灌溉也投入颇多，例如，康熙九年（1670年）直隶巡抚受命亲自出动"发帑万金"，在安州"筑堤一百二十余里"。世宗雍正四年（1726年），雍正帝命大学士朱轼兴修新安堤防，邑人张鳞甲监修，筑堤建闸，修河营田，营治大溵淀及宋庄一带560余顷下等地为良田。[10] 由此，形成"堤-河-渠-闸-田"等人工和自然要素共同构成的防洪和灌溉系统。

水利规划和工程建设，对上文提到的堤埝聚落形态有直接影响。聚落的地理位置和资源禀赋不同，就形成了堤坝、河流、沟渠、闸口等水利要素和街巷、码头等聚落要素的不同组合模式，并由此形成了丰富的聚落空间类型。笔者根据《查勘水利初次应举各工疏》中对各村落的文字描述[11]，结合1970年美国地理测量局地图中截出的城市航拍图将白洋淀堤埝型村落概括为六种形态类型，分别为双闸型聚落、单闸双核聚落、单闸单核聚落、月堤型聚落、无闸单核聚落和线性堤坝聚落（图4-8）。其中，关城村为月堤型聚落，端村为双闸型聚落，淀头村为单闸单核聚落，南曲堤村、北曲堤村为单闸双核聚落，北六村、中六村、南六村为线性堤坝聚落，马堡村为无闸单核聚落。

以上六类堤埝聚落中，无闸单核聚落、线性堤坝聚落为单纯与防洪设施共生形成的防洪聚落。其余四种则是与防洪和灌溉设施共生形成的聚落，这些聚落由长堤、内水河、主渠、支渠、闸口等要素组成，通过季节性调度满足灌溉取水和排泄沥涝两种需求。

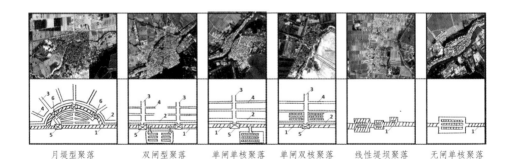

| 月堤型聚落 | 双闸型聚落 | 单闸单核聚落 | 单闸双核聚落 | 线性堤坝聚落 | 无闸单核聚落 |

1—长堤；2—内水河；3—主渠；4—支渠；5—砖闸；6—木闸。

图4-8 白洋淀堤埝型村落的六种形态类型

（图片来源：作者在美国地理测量局地图基础上分析绘制）

六种堤埝聚落又以月堤型聚落的空间形态最为复杂。关城村的历史面貌在相关图档中虽无具象描绘，但其形态应当类似于《全黄图》中的陈家舍、白沙村等村落（图4-9）[12]。

此外，水利设施的景观化过程，也是水利建设对人居环境体系产生影响的一个方面。乾隆二十七年版《任邱县志》中，绘有任丘六景图，其中四景涉及水利设施或与水有关，分别是长堤烟柳（图4-10）、十里荷香、枣林晚渡、白洋夜月。清末新安拔贡伊人镜重定的新安八景中，有三景与水有关，分别是东堤烟柳、西淀风荷、鸭圈印月，且分别作诗词吟诵[13]。将堤坝、水塘等水利设施列入八景，意味着水利设施从单纯的功能性对象向审美对象转变。诗词和画作中对水利设施的描绘，表明堤坝、桥梁、陂塘、淀泊成为城乡景观体系的重要组成部分。

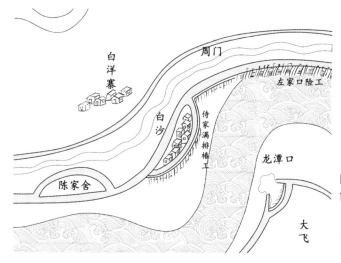

图 4-9 《全黄图》中的陈家舍、白沙村等月堤型村落

（图片来源：《方舆搜览——大英图书馆所藏中文历史地图》[14]）

图 4-10 《任邱县志》中的长堤烟柳图，图中所绘为白洋淀千里堤

（图片来源：乾隆二十七年版《任邱县志》）

4 白洋淀城乡聚落格局与影响因素 | 073

（2）水陆交通设施是影响聚落格局的重要因素

据《安新县志》记载，宋代以来白洋淀多次疏浚河道，其水运体系在北宋时期已具雏形。清朝政府曾多次治理大清河水系，白洋淀周边市镇成为天津到保定航线上的重要码头节点。以新安码头为中心，在白洋淀内有主航道16条，北可抵北京房山，西可达保定，东可至天津[注①]。此外，南北方向的二京驿路也穿过此地，处于航线、驿道上的市镇经济繁荣，市井繁华，商贾云集。清末民初，形成新安、安州、北六、赵北口、端村、同口、北马庄等水陆码头。

《新安镇志》载："自清初三百年来，以商业起家积资厚钜万者前后踵接。邑城及南区端镇商场颇扩大。"发展良好的市镇多位于白洋淀水系沿岸，而且主要位于水陆交会处，其中比较大型的市镇有赵北口镇、端村镇、同口镇、申明亭镇，小型市镇则有寨里、大王、刘李庄[注②]等。这些市镇中，水陆交通要素构成了聚落形态的核心要素，沿河渠分布的码头和河渠与道路交叉口处的桥、闸成为这一类市镇聚落的重要形态构成要素[注③]。

受到水陆交通因素影响而具有特色形态的聚落中，赵北口镇颇为典型。明清时期赵北口为南北二京驿路必经之地，又是津保航运之咽喉，是典型的因交通因素而发展且以复合的交通要素为特征的聚落。赵北口镇介于东西二淀之间，跨越大清河之上有驿道一条，北起雄县十里铺，南至任丘枣林庄（原为旧驿路）。驿路建于长七里的万柳堤之上，市镇的平面结构沿一条南北通衢展开，若干岛屿以桥闸依次相接，由此形成十二连桥（图4-11）、市桥相接的盛景。其呈现堤上建镇、水陆交叉的立体结构，最下为十一条宽度不一的津保航线河道，上方是堤坝和桥梁连接而成的陆

注① 据《白洋淀志》载，到新中国成立后，白洋淀内仍有以安新县城为中心的航道系统，其中"安新东关至端村 15 km，至赵北口 15.5 km，至七间房 25.1 km，至古佛堂 19 km，至寨里 15 km，至采蒲台 17 km，至大马庄 26 km，至圈头 11 km，至大田庄 18 km，至安州 13 km。1988 年白洋淀重新蓄水后，仅存有安新县城东关、南关、端村、杨庄、赵北口码头，水区村庄水路相连，各村均有可供临时停泊的简易码头"。

注② 对于安州、安新等长期建城，但曾经因取消州、县建制而称镇的，不在本书的研究范围内，对其形态的研究另见《雄安新区古代城市形态及其形成机制》一文。

注③ 《新安县志》463 页载：河多桥多是安新交通的一大特点，相传安新有古桥 47 座，其中有翔实记载的有 24 座。

路驿道。十一条分支航线和一条驿道彼此正交,清雍正三年(1725年),怡亲王勘修水利,将明朝所建石板桥增高加宽改为木桥,以保证桥下高度可以通航。

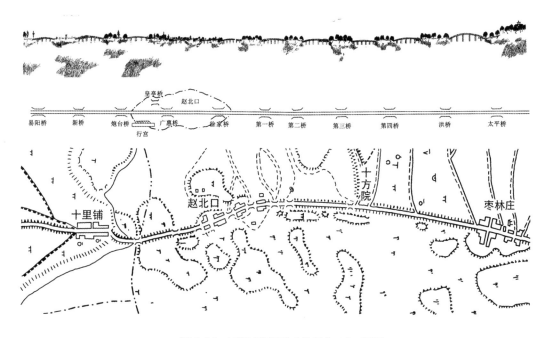

图 4-11 不同来源图片中的赵北口十二连桥

注:十二连桥从雄县十里铺向南,依次有易阳桥(属雄县)、新桥(航洪桥)、炮台桥(普渡桥),赵北口镇内有广惠桥、皇亭桥、徐家桥(通济桥),赵北口南第一桥(景苏桥)、第二桥(迎暄桥)、第三桥(延爽桥)、第四桥(拱极桥)、洪桥、太平桥[注①]直至枣林庄。
(图片来源:上面两图来自《白洋淀志》十二连桥揽胜图,最下图截取自哈佛地图图书馆收藏的1911年《五万分之一河北省新安、雄县地图》)

(3)农渔苇业生产活动对聚落格局的影响

白洋淀丰富的淀泊水系,为水产品生产活动提供了良好的条件。白洋淀村镇的主要产业包括渔业、苇业、农业和造船业等,这些产业对水村、堤埝村的空间形态有直接的影响。

注① 还有一种说法,太平桥与洪桥是同一桥,太平桥疑为莱熏桥。

白洋淀捕捞生产历史悠久。西晋左思所著《魏都赋》中的"掘鲤之淀，盖节之渊"，是历史上对白洋淀渔业生产最早的文字记载。芦苇产业也是白洋淀的产业组成部分，芦苇为制作渔具和日常生活用品提供了原材料，成为白洋淀重要的经济作物。民国年间仅安新一县就有苇田 8 万亩（1 亩 ≈666.7 m²，后同），年产量 500 万片[注①]，据 1947 年冀中行署出入口管理局的《白洋淀苇席业调查》记载，当时有织席村庄 76 个，席民 18 000 人左右。此外，芦苇生产与渔业生产之间有紧密的镶嵌关系，不同季节将割苇和捕鱼进行综合安排的传统渔苇业生产活动，被当地人称为"汕"[注②]。

农业生产方向，对聚落形态产生影响的是陆地农业（粮食种植）和水区农业（芦苇生产）。白洋淀地区的陆地农业主要依靠淀区水源与地下水源，其中淀区水源因其水体水量大、利用方便，是当地农业生产用水的首选水源。为引水灌溉，白洋淀居民于陆地上开挖了大大小小的沟渠，沟渠之间主次分明，将陆地内部划分为不同灌溉区，而聚落的形态亦随其与沟渠之间的空间位置关系变化而不同，紧邻沟渠的聚落以沟渠为强边界，形成明显的沿渠界面，如马村等，逐渐形成了沟渠与聚落联系紧密的形态特征。而水区农业方面，芦苇种植是淀区聚落的主要生计之一，由此形成的台田既是农业生产用地，又是聚落扩张的备用用地，对淀内水村聚落的空间形态产生了重要影响，进而形成了如镶嵌型、串联型、群岛型等多种特征鲜明的聚落空间形态类型。

在渔业、苇业、农业三种生产活动的共同作用下，白洋淀水村和堤埝村呈现圈层式的聚落分布模式：内核为用于居住和妇女编苇席的村落，中间层是苇田和农田，外围是用于渔业生产的淀泊。这种模式一方面适应男渔女织的性别分工，另一方面适应农忙务农、农闲从渔、农渔互补的灵活生产方式。特定聚落在具体的地理条件和生产习惯下，可以衍生出特定的聚落形态。例如，堤埝村的农业生产多于苇业生产，形态上以农田为主；岛居水村则以苇业生产为主，村子被苇田环绕。

注① 民国时期，安州的"州席"、关城的"大花席"，以及边村、垒头的"小边席"最为有名，并在安新县境内形成了几个大的苇席集散中心。当时席的年产量达 200 万余领。
注② 白洋淀渔苇统筹的生产活动，根据所处的季节不同，被当地人称为"春汕""秋汕""冬汕"。

白洋淀聚落遗产构成要素

本书以各级文物保护单位为基础，补充了调研过程中发现的价值较高的建筑、村落及环境要素等，对白洋淀地区聚落遗产要素进行梳理和总结，发现白洋淀聚落遗产构成要素可分为自然环境与产业景观，居住遗址、古建筑与传统聚落，水利、航运及行宫遗址，以及其他构成要素等四大类（表5-1）。其中：自然环境与产业景观包括水体与渔业景观、苇业与苇田景观和其他产业与景观三类；居住遗址、古建筑与传统聚落类型中以古建筑遗产数量最多，具体又可分为民居、寺庙和其他建筑三小类；水利、航运及行宫遗址类型中包含堤埝、闸渠等水利设施和聚落航运体系及行宫遗址等要素，其中水利设施以战国时期至清代修筑的重大堤防工程、排水工程和灌溉工程为具体类型；其他构成要素包括军事建筑、军事遗址、古墓葬和革命文物等遗产类型。

表5-1 聚落遗产构成要素分类表

一级分类	二级分类	三级分类	数量
自然环境与产业景观	水体与渔业景观		—
	苇业与苇田景观		—
	其他产业与景观		—
居住遗址、古建筑与传统聚落	居住遗址		26处
	古建筑	民居	82处
		寺庙	23处
		其他建筑	14处
	传统聚落		27个
水利、航运及行宫遗址	水利设施	重大堤防工程	11处
		排水工程	43处
		灌溉工程	89处
	航运体系及行宫遗址		—
其他构成要素	军事建筑		4处
	军事遗址		4处
	古墓葬		10处
	革命文物		28处
遗产总计	334处遗产，27个传统聚落		

5.1 自然环境与产业景观

白洋淀优越的淀泊环境为水产品生产提供了条件。历史上淀内主要产业包括渔业、苇业等，这种以渔苇为核心的经济生产模式基于聚落产生和发展，聚落间有小型淀泊、苇田、沟壕，自然环境与聚落形成有机整体[1]。

1. 水体与渔业景观

白洋淀属大清河水系，水资源得天独厚，但受自然因素影响大，水旱灾害频发，"水落则洼淀分明，水涨则互连成片"。淀内共有143个形态各异的淀泊和3700多条壕沟。百亩以上的大淀有99个，小淀44个，淀内水域总面积366 km^2，其中85%的水域位于安新县境内。千亩以上的淀泊分布如图5-1所示。水主要来自呈树状分布的南支潴龙河、孝义河，中支唐河、府河、漕河、瀑河、萍河，北支白沟引河等8条河流，这些河流汇流入淀，总流域面积共计31 205 km^2[2]54。明代白洋淀及其周边淀泊情况如表5-2所示。

白洋淀渔业历史悠久，北宋年间宋辽为了防止奸细混入，禁止了界河的渔业，但从史料中政府屡禁淀河治渔可看出居民从事渔业已颇为普遍。此后，淀泊渔业恢复并进一步发展，与苇业一同成为白洋淀支柱产业。分析近现代白洋淀地区渔获量统计中排名前四十一位的聚落（表5-3）亦可知，白洋淀渔获仍多来自水村聚落及中大型堤埝聚落，尤其是淀底水位较深的淀区中部、北部与南部地区。

20世纪中叶，人们开始利用原有壕沟养鱼，随之白洋淀鱼类产量曾一度居全国首位。白洋淀鱼类品种众多，包括鲤鱼、青鱼、鲢鱼、草鱼、鳙鱼、花鳅、马口鱼等诸多品种。本地也出产青虾、大白虾等虾类，以及中华绒螯蟹等蟹类。

渔业受环境因素和气候因素影响大。20世纪七八十年代上游污水直接排入淀中，导致淀泊中鱼类品种减少，1975年白洋淀鱼类共16科，至1980年减少到14科。80年代干淀后，只有部分浅坑塘人为养殖着单一品种鱼类。1988年白洋淀重新蓄水后，生态恢复，鱼类品种快速增加，养殖业迅速发展。

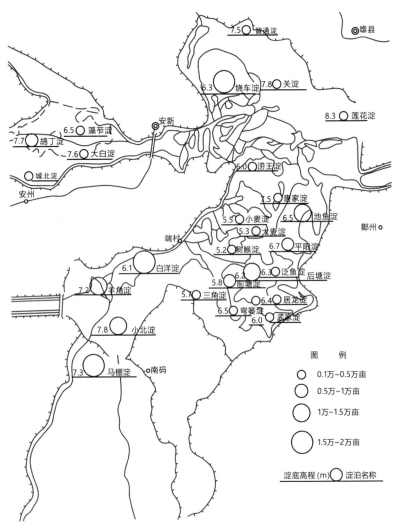

图 5-1 白洋淀千亩以上的淀泊分布图
(图片来源:《安新县志》[3]170)

表 5-2 明代白洋淀及其周边淀泊情况 [3]

淀泊名称	方位	面积	资料来源
白洋淀	县南二十里	周围六十里	清顺治《安新县志·舆地志》
烧车淀	县东十里	周围四十里	清顺治《安新县志·舆地志》
洛汪淀	县南十八里		清顺治《安新县志·舆地志》
杜家淀	县南十里	周围十余里	清顺治《安新县志·舆地志》
大殷淀	县西北五里	周围四十里	清顺治《安新县志·舆地志》
殷家淀	县东三里		清顺治《安新县志·舆地志》

(续表)

淀泊名称	方位	面积	资料来源
杂淀	县西五里	周围三十里	清顺治《安新县志·舆地志》
鸭圈淀	县东十里		清顺治《安新县志·舆地志》
杨家淀	鸭圈淀南		清顺治《安新县志·舆地志》
王家淀	县东十五里		清顺治《安新县志·舆地志》
石丘淀			清顺治《安新县志·舆地志》
平洋淀			清顺治《安新县志·舆地志》
大捞淀	县东	周围二十里	明天启《高阳县志·地理志》
延福淀	县西南十里	—	明天启《高阳县志·地理志》
罗权淀	县东南三十里	—	明天启《高阳县志·地理志》
梁淀	县东二十里	—	明天启《高阳县志·地理志》
白洋淀	邑东北		明天启《高阳县志·地理志》
五龙潭	任丘县		明嘉靖《河间府志·地理志》
白龙潭	任丘县		明嘉靖《河间府志·地理志》
掘鲤淀	任丘县		明嘉靖《河间府志·地理志》
白洋淀	任丘县		明嘉靖《河间府志·地理志》
武盍淀	任丘县		明嘉靖《河间府志·地理志》
胡卢淀	任丘县		明嘉靖《河间府志·地理志》
洋东淀	肃宁县江南卅里		明嘉靖《河间府志·地理志》
五千淀	肃宁县江南卅里		明嘉靖《河间府志·地理志》
白洋淀	县西南	方六十里	明嘉靖《雄乘》
李家淀	县西	方四五里	明嘉靖《雄乘》
黄淀	县西	方十里	明嘉靖《雄乘》
烧车淀	县西	方三十里	明嘉靖《雄乘》
流通淀	县西	方二十里	明嘉靖《雄乘》
马家淀	县西	方二里	明嘉靖《雄乘》
何淀	县西	方四里	明嘉靖《雄乘》
石臼淀	县西	方五里	明嘉靖《雄乘》
董家淀	县西南	方五里	明嘉靖《雄乘》
莲花淀	县西南	方三十里	明嘉靖《雄乘》
窝罗淀	县南	方七八里	明嘉靖《雄乘》
浅淀	县东南	方三十里	明嘉靖《雄乘》
蒲淀	县东南	方十里	明嘉靖《雄乘》
张家淀	县东南	方二十里	明嘉靖《雄乘》
陈家淀	县东南	方十里	明嘉靖《雄乘》
郑家淀	县东南	方八里	明嘉靖《雄乘》
五官淀	县东南	方三十里	明嘉靖《雄乘》
马淀	县东南	方七八里	明嘉靖《雄乘》
柴河淀	县东南	方七八里	明嘉靖《雄乘》
塘淀	县东南	方七八里	明嘉靖《雄乘》
青草淀	县东南	方五里	明嘉靖《雄乘》
吴安淀	县东南	方十四五里	明嘉靖《雄乘》
长儿淀	县东南	方十四五里	明嘉靖《雄乘》
矛儿淀	县东南	方百余里	明嘉靖《雄乘》

表 5-3　白洋淀地区主要产鱼聚落情况表 [4]

聚落名称	邻近淀泊	整体区位
关城村、端村、辛庄	白洋淀	淀南区
杨庄、大小张庄	烧车淀	淀北区
同口村、韩堡村	马棚淀	淀南区
南北曲堤村、韩村	羊角淀	淀南区
高家楼村	小北淀	淀南区
邸庄、东西李庄	前、后塘淀	淀南区
三田庄、大小淀头、西大坞村、李广村、圈头村	鲫鳈淀、大小麦淀、池鱼淀、唐家淀	淀中区
北何庄、公堤、杨孟庄、涞城	大白淀、城北淀、鸪丁淀、藻苲淀	淀北区
宋庄、漾堤口、新安、南北刘庄	烧车淀、藻苲淀	淀北区
枣林庄、赵北口、光淀、王庄、孙庄、刘庄子、何庄子、寨南村、王家寨、郭里口	捞王淀	淀中区
七间房、采蒲台、大树刘庄、梁庄、梁沟村、大小马庄	居龙淀、孟家淀、弯篓淀、三角淀	淀南区

在渔业捕捞方面，白洋淀地区形成了独具特色的捕捞方法。打鱼方法因不同水域、水位、季节、风向、所捕捞的鱼类等因素发生变化。使用渔具大致可分为 9 类 82 种，分别为刺网具（共 13 种）、围网具（共 12 种）、陷阱渔具（共 14 种）、钓钩渔具（共 12 种）、箔旋渔具（共 9 种）、掩捕渔具（共 8 种）、抄捞渔具（共 8 种）、投刺渔具（共 4 种）、地拽渔具（共 2 种）[5]。这些渔具及其捕捞作业方式，也是渔业景观及其非物质文化遗产的重要组成部分（图 5-2）。

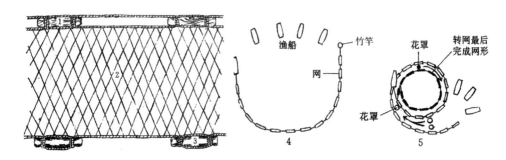

1—网漂（浮子）；2—网片；3—网脚（沉子）；4—转网作业，即布网用渔船赶鱼；
5—转网作业，即用渔船、花罩赶鱼及收网。

图 5-2　白洋淀地区传统捕鱼工具——转网

（图片来源：安新县地方志办公室. 白洋淀志[M]. 北京：中国书店出版社，1996）

2. 苇业与苇田景观

芦苇，当地俗称苇子，在古代文学作品中以"蒹葭"出现，是白洋淀地区主要的经济作物，有"一淀水，一淀银，一寸芦苇一寸金"的说法。白洋淀以水面为主体，地势低洼，有利于芦苇的生长。淀中有苇田、台地、聚落，沟淀相连，淀因苇异。芦苇自古是白洋淀区域重要的生产物资，而苇田景观则成为淀区特色的生态农业景观。

白洋淀中的芦苇有很多品种，有白皮栽苇、大头栽苇、黄瓤苇、白毛苇、正草、横草、大尖苇等十余种，白皮栽苇因皮薄、秆高、节长的优点被人们喜爱，其中又以采蒲台芦苇为优。芦苇春天种植，秋末收获，但不同种类芦苇栽种时间略有差别。白皮栽苇栽种时间为立夏至小满之间，这时气温较高，有助于苇苗成活，在苇苗长芽之后还须进行移栽并保证秧苗密度。以白毛苇为代表的柴苇生命力强，插栽时间为芒种至夏至，晚于白皮栽苇。白毛苇取秧时无须带土，种植必须保证水深适宜[6]。

芦苇多生长于台田周边，生长所需的水位一般情况下不可过深，在水位较高时，部分台田被水淹没，此时台田亦可用作苇田，因此芦苇种植面积的大小一方面受台田面积的影响，另一方面亦受淀底平均高程的影响。通过分析白洋淀地区 1946 年统计的芦苇种植面积在 10 ha 及以上的聚落（表 5-4）可知，淀区种植芦苇的聚落主要有：淀区北部台田以散布形式分布的王家寨、郭里口；淀区南部拥有大面积板块状台田的大田庄、东田庄、北田庄；淀区中部拥有较大面积带状台田的圈头；位于安新县城以南台田板块的南北刘庄等。

表 5-4　白洋淀地区芦苇种植面积在 10 ha 及以上的聚落（1946 年数据）[4]

所属聚落	面积 / ha	所属聚落	面积 / ha
王家寨、郭里口	35	漾堤口	10
三田庄	25	大十村	10
圈头	20	端村	10
马村、淀头	14	同口	10
南北刘庄	13	赵北口	10
大小张庄	12	李广	10
刘村	12	采蒲台	10

苇田景观是水村居民世代改造淀区地貌的结果，体现了特定地域条件下人与环境的互动方式。白洋淀内芦苇种植广泛，安新县除老河头镇和芦庄乡外，其他乡镇均为芦苇产区。芦苇的长势与水质和水位关系密切，在透明度较高、环境较好的水体中，如烧车淀、菏叶淀、泛鱼淀等淀泊中，芦苇生长茂密，而在藻类繁殖量大、水体透明度低的区域，如南刘庄一带，芦苇生长较少[7]。除了芦苇的种植外，白洋淀内的苇田经当地居民长期夹泥、施肥、台田管理等，大部分高程都被提升到 8 m 以上，原本低洼的水区被加工，形成了苇田景观。较为特别的是当地会使用"段"这一特殊词语指称特定尺寸的苇田地貌单元注①。例如，端村《河南村苇田分布简图》中的苇田地块，标注有"三队三段""七队半段""三队双条""九队大条子"等名称。根据笔者统计，一段苇田宽度为 20~50 m，长度为 100~200 m，是一组苇户进行芦苇收割与运输作业的合理规模。段与段之间用"濠"或"通濠"隔开，以此方便芦苇收割之后的对外运输。疏浚通濠、河道后的淤泥则被填于苇田之上，用于肥田，也进一步巩固了苇田景观的结构。

苇席属于白洋淀地区较为普遍的手工业产品，古代该地区生产的苇席曾作为军需物资、上贡佳品而驰名华北地区。在缺乏耕地的水村聚落和堤埝聚落中，几乎每个村都有以编织苇席为生的"席民"。据史料记载，安州地区自古以来洪涝频发，土壤盐碱化严重，耕作常受影响，居民不得不靠编席维持生计，长此以往苇席便成为该地区的特色产品，品质与做工上乘的苇席多产于该地区。"民国时期，安新县境内形成了几个大的苇席集散中心，如安州、老河头等，以当时安州的'州席'、关城的'大花席'和边村、垒头的'小边席'颇为有名"[6]。而"席市"作为该地区苇席手工业产品的集散市场，也带动了该地区的经济发展，使得四门堤南部的几个聚落成为白洋淀商业活动极为频繁的区域之一。

注① 白洋淀的苇田由一系列尺度相近的单元组成，当地人称该单元为"段"，有时也称"条"。

3. 其他产业与景观

白洋淀地区的聚落除种植芦苇外，亦种植其他农作物，如利用较高的台田种植水稻、小麦及玉米。在陆地区域开辟田地耕种常见的北方农作物，其中水稻种植年代最为久远，始于宋太平兴国年间。何承矩曾在此大搞水利建设，屯兵营田，引进江东优良稻种，指导农民种植。近年来居民多利用洼地开展水稻种植，结合临淀优势挖塘养鱼，发展桑蚕渔田结合的立体农业。此外，淀区周边的半水区亦会利用河渠附近滩地的饲草资源，发展牛、羊、鹅、鸭等畜禽。

手工业生产方面，除生产苇席等苇制手工产品外，白洋淀地区还制造船舶，在北方地区小有名气。如位于四门堤片区的马家寨村数百年来以出产优质木船闻名，造船历史可上溯至宋代，它可能是宋代官方塘泺体系的造船中心，其后历经元、明、清各代，清代所产画舫尤佳，一度供颐和园使用。造船业的发展使得马家寨周边存在多条人工开挖与拓宽的水渠，形成了独具特色的聚落环境。

尽管淀区居民对淀区环境进行不间断的改造，并利用多种耕作与生产手段适应环境，但淀区农业仍在较长的时期内发展缓慢，人民深受"十年九涝"之苦，陷入农作物多年歉收的窘境。明嘉靖、万历年间，洪涝频发，有"断堤白草余饥孚，废宅黄昏泣哺鸦"的记载；清顺治、康熙年间，由于连年九河泛溢，堤防决口，亦造成"田庐漂没""村落丘墟"；直至清末，白洋淀的陆地农作物种植一直备受洪涝困扰，战争年代更是民不聊生。直到中华人民共和国成立，白洋淀地区的耕作与产业才逐渐向着科学与稳定增长的方向发展，尽管不断对其粗放的生产模式进行调整规范，但仍尊重其遵循的逻辑与分布规律，这是淀区生产活动的进化，也是对淀区人水关系的传承。

5.2 居住遗址、古建筑与传统聚落

因居住遗址、古建筑与传统聚落均具有居住属性，本书将其划为一个大类，其中包括居住遗址 26 处，古建筑 119 处，传统聚落 27 个。居住遗址即古代人类生产

生活活动遗留下来的建筑等残存物，具有一定的区域范围，多深埋于地下。古建筑为现在仍在使用的具有一定功能的建筑物，主要包括民居、寺庙、桥、塔、亭等。本书所研究传统聚落均为形成时间较早、保存状况较好、风貌特色鲜明的聚落，包括城市聚落和乡村聚落。

1. 居住遗址

白洋淀地区曾为燕赵交界之地，建城置县历史悠久。此处的居住遗址资源丰富、时间跨度大，从新石器时代至元代均有涉及。26 处遗址分布在雄县、安新县，其中雄县 5 处，安新县 21 处。居住遗址中唐代及以前的遗址有 22 处，约占所有居住遗址的 85%；战国及以前的有 14 处，约占所有居住遗址的 54%；史前时期遗址有 4 处，约占所有居住遗址的 15%。

在以上众多居住遗址中，以新石器时代遗址年代最久、价值最高，具有不可替代性。1949 年后白洋淀地区的多次考古挖掘发现了多处新石器时代、商代的文化遗存，以梁庄遗址、三各庄遗址、申明亭遗址最为典型（表 5-5），三者年代分别处于新石器时代早、中、晚期，是白洋淀地区史前文化的代表。

白洋淀地区汉代遗存分布多且广泛。秦始皇统一六国后开始广置郡县，西汉在此地设幽州刺史部，东汉时该地域又归冀州刺史部。时至今日，可以从幽州冀州边界处找到先秦燕赵边际的历史痕迹，境内星罗棋布的汉代遗存就是两汉时期文化的集中反映。较为典型的为留村遗址、南河村遗址（表 5-5）。

表 5-5　部分居住遗址概况

遗址名称	遗存类型	时间	保护级别	位置	面积	器物描述
三各庄遗址	仰韶文化（后冈类型）和龙山文化遗存	新石器时代	全国重点文物保护单位	雄县七间房乡三各庄村西	4 万平方米	彩陶、红陶、磨光陶，以及骨器、石器等
梁庄遗址	磁山文化及仰韶文化早期遗存	新石器时代	省级文物保护单位	安新县刘李庄镇梁庄村南	8 万平方米	遗址地表以下至 3 m 普遍为粉砂和胶泥土堆积，古代遗存埋藏较深

(续表)

遗址名称	遗存类型	时间	保护级别	位置	面积	器物描述
申明亭遗址	龙山文化遗存	新石器时代至商周	县级文物保护单位	安新县三台镇申明亭村北	3万平方米	红烧土颗粒、炭屑、陶片等
留村遗址	仰韶文化地方类型	东周、汉	县级文物保护单位	安新县安新镇留村北	—	出土器物有壶、钵、缸、陶匕、陶支脚、陶片、石器和骨器
南河村遗址	—	汉、宋	县级文物保护单位	安新县大王镇南河村南部的农田和荒地中	约27万平方米	较为丰富的战汉时期的砖瓦及陶器残片，并有少量宋代瓷片；遗址北部有较多绳纹砖

表格来源：《雄安新区专题报告》第31~42页。

2. 古建筑

（1）民居建筑

民居建筑中，本地区仅有陈调元庄园一处为省级文物保护单位。调研发现，本地区保存情况较好、建成年代较早、具有较高价值，却未被列为文物保护单位的传统民居建筑共82处，约占古建筑类的69%，其中93%位于安新县境内。

民居建筑可依据选址策略分为两类。第一类位于白洋淀水区及半水区范围内，其选址策略为"择高而居"，多位于淀中或淀外高地上。第二类选址策略为"依堤而建"，这类民居建筑沿着堤坝线性分布，或者集中分布在堤坝延伸出的高台之上。

白洋淀地区传统民居建筑[注①]，根据其立面虚实关系可分为三种类型："前明子"型、"闷葫芦罐儿"型和混合型（图5-3）。"前明子"型是指以梁柱为主要承重结构、木质门窗为主要围护结构的立面类型。正立面以木构件为主，檐柱左右为门或窗。其正立面地坪以上三尺以砖砌筑，将原有木质结构包裹于墙体内，以防雨水飞溅和潮气上行。这种做法可得到较大的采光面积，柱梁枋线条丰富，立面美观，屋檐较

注① 关于白洋淀民居建筑结构、细部与装饰做法的介绍，详见第6章第一节。

"前明子"型

"闷葫芦罐儿"型

混合型

图 5-3　白洋淀地区传统民居建筑立面类型

深远，出檐部分在山墙面形成"跨山"。由于淀区木料短缺，这种立面成本较高。

"闷葫芦罐儿"型民居没有露明梁柱结构，房屋四面均以青砖砌筑。窗户面积较小，窗台一般高三尺，窗宽二尺或三尺，整体形象封闭，因此被当地人形象地称为"闷葫芦罐儿"。此外，为方便居民在洪水来临时在屋顶活动，"闷葫芦罐儿"型房屋正立面女儿墙多开二尺宽缺口以便架设木梯。这种做法主要以砖墙承重，木料用量少，建造成本较为低廉，因此更为普遍。

混合型是指在两开间或三开间的建筑中，其中一间为"前明子"型立面，剩余各间为"闷葫芦罐儿"型立面的复合立面类型，檐口采取"前明子"型的做法，兼顾了采光和省料。

值得注意的是，以往做河北或京津冀民居建筑调查时，常常忽略这种造型朴实却特色鲜明的水区民居建筑，笔者在北京永定河沿线调查时，亦曾见到这一类型建筑案例，很可能在京津冀水区曾广泛存在这一建筑类型。白洋淀地区降水分布极不均匀，历史上洪涝灾害频发，故白洋淀民居建筑是复杂人水互动的缩影，其中充满了因地制宜、物尽其用的地方生态智慧。

被列为省级文物保护单位的陈调元庄园位于河北省安新县同口村，于1922年建成。它是白洋淀地区现存最大、最完整的名人故居，具有较高的历史价值。陈宅建筑高脊瓦檐，红梁红柱，回廊走壁，青砖红窗，做工精细，庄严肃穆。陈调元庄园共有房46间，建筑面积2618.5 m²，占地4371 m²，三进院，由倒座、厢房、过厅、正房、耳房等建筑组成[8]37。陈调元庄园部分建筑带有女儿墙及前后"跨山"，建筑以"闷葫芦罐儿"型为主（图5-4），具有白洋淀地区传统风格。

（2）寺庙建筑

本地区寺庙共23处，约占建筑类的19%，分布于安新县和雄县境内，安新县有20处，约占总数的87%，3处位于雄县（鄚州），约占总数的13%。寺庙包括佛寺、道观及清真寺等，其中以自建的道观与民间寺庙居多。这种民间信仰的繁盛可能与频发的水灾相关。

白洋淀自古河流水源众多，人们将河流神化，形成了广泛的水神及相关信仰，例如清朝乾隆年间在太保庄村修建的淀神祠，虽新中国成立后遭损毁，但该遗址仍存有乾隆时期的十七块御碑。又如瘟神庙也与水有关，据传历史上某次河水泛滥导致牲畜尸首腐烂并引发瘟疫，于是当地人开始供奉瘟神，以消灾解难。此地碧霞元

图 5-4 陈调元庄园建筑

君及关帝信仰较为流行,"奶奶庙"和关帝庙数量较多,如关城村天仙宫、大王村关帝庙等(图5-5)。

鄚州药王庙又称鄚州大庙,有"天下大庙数鄚州"之说。药王庙初建于元代,曾因香火旺盛失火,1992年重修(图5-5)。药王庙正殿内供奉"神医"扁鹊,殿内塑像惟妙惟肖并有描绘扁鹊行医故事的图画。两配殿是历代十大名医塑像,东配殿有王叔和、张仲景、雷太乙、淳于意、华佗,西配殿是孙思邈、皇甫谧、韩普济、葛稚川、刘守真。每年农历正月十五、四月十五、九月十五共三次庙会,其间香客云集,十分热闹。鄚州庙会现为第三批省级非物质文化遗产。

(3)其他建筑

其他建筑包括桥、塔、亭等建筑,共有14处,只在安新县分布。其中桥梁类建筑有4处,塔有3处,亭子有2处,另外还有戏台、行宫等建筑5处。

桥作为河道上方辅助人们跨越障碍的构筑物,在水网密布的白洋淀地区十分常见。历史上最有名的是赵北口十二连桥(见图4-11),它是康熙、乾隆到访赵北口行宫的必经之路,也是控制淀区与下游的重要闸口,可惜已在城市建设过程中湮没无存。现存的马村桥位于安新县端村镇马村,建于19世纪60年代。桥为东西走向的单孔拱桥,长10 m,宽4 m。桥梁整体保存较好,在桥面四角的栏杆上,分别刻有"破私""立公""革命""到底"的字样。桥的立面同样刻有标语,分别是"艰苦奋斗,工业学大庆"和"自力更生,农业学大寨",标语的中间还绘有太阳图案,向人们清楚展现造桥时期的历史背景。

大王村关帝庙

鄚州大庙

图5-5 白洋淀地区寺庙建筑遗产

白洋淀地区塔类建筑可分为建成年代较早的古塔和具有使用功能的水塔,其中山西村明塔为省级文物保护单位。该塔位于安新县三台镇山西村西北部,塔高15 m,周长12.8 m,古塔为八角形阁楼式空心结构,共有七层。正面上额砖雕刻"五印浮图",在塔顶层突出部位刻有"三台文笔"(图5-6)。塔内原有壁画,塔座石碑记录了古塔的来历、作用及当年重修的年代和赞助人员的姓名[8]36。山西村明塔始建年代不详,据村民描述该塔为刘氏远祖德甫自兴州迁至山西村后所建,由塔座碑文可知万历甲午年和康熙庚寅年分别进行过重修。水塔中圈头水塔最为典型,水塔由圈头5个大队筹建,井深157 m,塔高22.5 m,现已废弃不用,塔体保存完好,是圈头至今最高的标志性建筑物(图5-6)。

安州城抗税亭(图5-6),与孔庙庙亭相距不过百米。抗税亭是当地苇民为纪念抗苇席税胜利而修建的一座六角凉亭。孔庙庙亭建于民国时期,为重修文庙的纪念亭,两亭现为当地地标建筑。

山西村明塔　　　　　　　　圈头水塔　　　　　　　　抗税亭

图5-6　白洋淀地区其他建筑遗产
(图片来源:《中国文化报数字报》与作者自摄)

3. 传统聚落

白洋淀传统聚落包括4个城市聚落与23个乡村聚落(图5-7)。乡村聚落又可分为水村聚落、堤埝聚落和陆村聚落三类。圈头村、郭里口村、王家寨村、邵庄子村、东田庄村、光淀村、采蒲台村位于白洋淀内,为水村聚落;赵北口村、十里铺

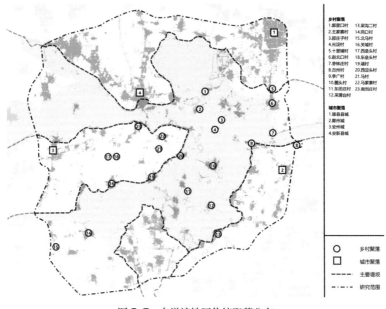

图 5-7　白洋淀地区传统聚落分布

村、枣林庄村、李广村、梁沟二村、西淀头村、南刘庄村、端村、同口村、关城村、古州村位于白洋淀沿岸，属于堤埝聚落；马家寨村、北马村、东垒头村、西垒头村、马村为陆村聚落。其中，水村聚落及堤埝聚落与水关系密切，具有白洋淀地区特色。

水村聚落以圈头村为典型，包括东街村、西街村、桥南村、桥西村、桥东村五个村小组，为第四批中国传统村落。圈头村明代以前叫"傅家屯"，随着人口的繁衍，傅家屯人丁、村域皆在白洋淀周圈内居首数头，遂更名"圈头村"。该地位于白洋淀中心地带，村内河淀相连，沟壕纵横，苇绿荷红，鸟飞鱼跃，风光旖旎。清康熙帝曾在圈头村东部建行宫一处，后乾隆皇帝也多次驻跸圈头行宫。清中后期，圈头村有"三街六道三座桥，四周还有环村壕"一说，即村内由三街（前街、中街、后街）、六道（行宫过道、官过道、东夏家过道、西夏家过道、张家过道、陈家过道）、三座桥（广济桥、广惠桥、广顺桥）组成，呈现一幅安谧恬静、小桥流水的圈头胜景（图5-8）。村内不仅自然风光优美，物产也极为丰富，盛产鱼、虾、蟹、鸭蛋、芦苇制品[3]106。同时此地拥有多样的非物质文化遗产资源，如圈头村音乐会被列为国家级非物质文化遗产，圈头村苇编、圈头村八趟掩手、圈头村少林会等也被列为省级非

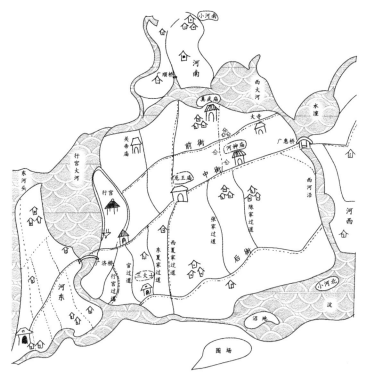

图 5-8 清末民初圈头村地图
（图片来源：张满乐. 圈头乡志[M]. 2012: 5）

物质文化遗产。

  堤埝聚落以端村颇为典型，端村位于安新县南部，东接圈头乡，西连同口和安州镇，包括东堤村、中后街村、大河南村、西前街村、西堤村五个自然村。其始建于明洪武年，因民居分十三段而取名"段村"。清康熙四十七年（1708 年）建立段村行宫，后清乾隆皇帝南巡至此地，为取祥瑞之意改名为"端村"。端村村民世代皆以务农、经商、织席为生。清朝时期，端村因其独特而优越的自然地理条件成为知名的水陆码头和商贸中心。鼎盛时期，京津保三地货物均运往此地，其中又以天津货物最多，端村逐渐成为天津通往内河辐射冀中平原的一个重要的商贸中心和货物集散地，故得"小天津卫"之称。当时端村繁华的街道和码头分布着大小商肆店铺 100 余处（图 5-9），经营绸缎布匹、糕点、金银首饰、瓷器等。除琳琅满目的商铺外，端村集市也非常热闹。农历一、六为集，除普通集市外，还有席市、船市、粮市、苇市、靛市等特色集市。每到集日，淀里、河里，赶集的船只络绎不绝，赶

5 白洋淀聚落遗产构成要素

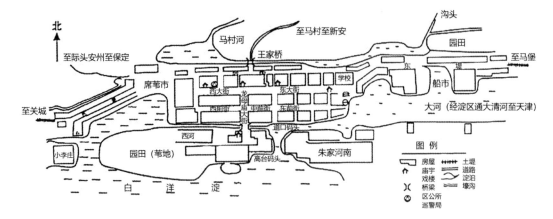

图 5-9　1937 年端村街道示意图[9]

集的人们擦肩接踵，熙熙攘攘，好不热闹。端村濒临白洋淀，苇地多，因此端村人除从事商业活动外，也织席，织席也是主要的经济来源。白洋淀芦苇以质软、耐用而闻名，清末每年从端村集市售出的苇席约有 100 万领。

5.3　水利、航运与行宫遗址

1. 水利设施

（1）重大堤防工程

白洋淀周边堤埝总长 283 km，其中安新县境内堤防占大多数，总长 169.2 km。其中，主要堤埝大致分为四段，分别名为千里堤、四门堤、新安北堤、淀南新堤，这四条主堤与唐河新道南北堤、障水埝、新河堤、瀑河堤、马村堤等小型堤埝共同组成了白洋淀淀区的堤防系统（图 5-10）。这些堤埝脱胎于战国燕长城，后因防御及防洪需要，在宋、明、清几代屡有修葺、增建。清康熙《安州志》载"古长城堤修筑于燕长城之上"[10]，古长城堤，即今天白洋淀北界的新安北堤。秦代在易水河

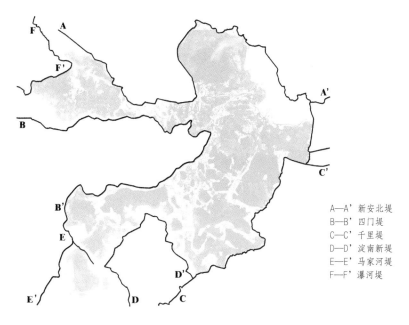

图 5-10　白洋淀地区主要堤坝分布图

南畔始建四门堤，宋代出于建设塘泺防线需要，重修六郎亘堤（新安北堤）、四门堤，新修唐堤、千里堤等堤防，形成白洋淀的东、北边界[1]。由此，白洋淀内的堤防工程经各代修建后成为白洋淀文化遗产的重要组成部分。

新安北堤：原为春秋战国时期燕长城遗址。宋代为御辽沿遗址筑堤，俗称"六郎亘"。明代又增高加宽，清代及1949年以后复修加固，形成现今的牢固堤防。此堤起于山西村附近，经涞城、崔公堤、留村至安新镇，再经宋庄、大张庄、南河，止于雄县十里铺，其堤顶在1949年后经多次复修不断被加宽，1963年前，其大堤堤顶宽 4 m，高程 11.3 m，内坡比 1∶2，外坡比 1∶2.5；1964年复修后堤顶宽达 5 m，高程 11.5~12.57 m，内外坡比 1∶3；1974年再次培厚，堤顶宽 8 m，高程 12.6~13.0 m，内坡比 1∶3，外坡比 1∶4[3]433（图 5-11）。

千里堤：千里堤亦名千里长堤，又名万柳金堤，位于白洋淀东岸，长 35.8 km，临白洋淀部分长 20.7 km。平均堤顶宽 8 m，堤顶高程 12.5~14.57 m[11]。《直隶河渠志》载："千里堤起自清苑县界、讫献县之臧家桥，周回于顺天、保定、河间三府之境，长千有余里，沿河绕淀，为数十州县生民之保障。"[12] 又《清史稿》载："千

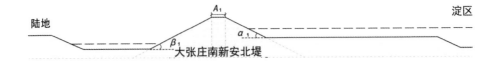

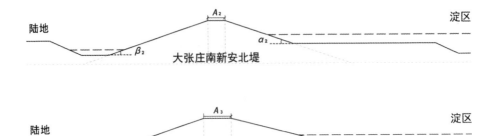

图 5-11 大张庄南新安北堤各时期剖面图（图中 α 为内坡角，β 为外坡角，A 为堤顶宽度）
（图片来源：据《安新县志》《圈头乡志》自绘）

里堤始建于康熙三十七年（1698 年），乾隆五十四年培修，起自清苑，历安州、新安、高阳、河间、任丘、雄县、保定县（新镇）、霸州、文安、大城等十一州县，长十三万余丈，合七百七十六里，嘉庆十一年又筑。"七间房北千里堤见图 5-12。

四门堤：旧称南堤，因堤上旧有太平庄闸、寨南龙头闸、淀头闸、端村闸，四闸形如四门而得名。四门堤始建于秦代，秦时在易水河畔筑古堤，北宋时古堤东自边村而下延新安、雄县，南自板桥而下接蠡县。明嘉靖七年，知州樊鹏自同口南邱家道口至曲堤筑万柳堤；十四年，知州张寅自邱家道口至高阳修安阳亭堤。清康熙九年，直隶巡抚金巡匙修东、西、南、北堤，东堤自端村经南冯至高阳，西堤自安州北关桥至清苑刘民庄（今属安新县），北堤自安州北关小圣庙至新安太平闸，南民埝自同口至蔡家口，西民埝一段接刘民庄西堤至毛家碑，一段自沈家坏西石碑至化郎桥，另一段自化郎桥至高阳属界碑。同治十二年，叶伯英修安州南堤 140 里。至此，四门堤基本形成。多年来，四门堤多次决口复修。1974 年春大会战后，堤顶宽 8 m，高程 12~13.9 m，边坡比 1∶3。马堡村南四门堤见图 5-13。

淀南新堤：因位于白洋淀南部而得名，自南冯村南始，与高阳县龙化小埝相接，经北冯、辛庄、杨庄、北马庄、大马庄与千里堤相接，全长 18.5 km，保护着南冯、

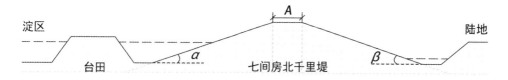

图 5-12 七间房北千里堤剖面图（图中 α 为内坡角，β 为外坡角，A 为堤顶宽度）
（图片来源：据《安新县志》《圈头乡志》、1970 年美国地理测量局白洋淀地图自绘）

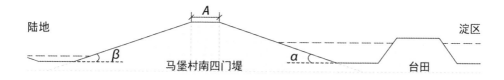

图 5-13 马堡村南四门堤剖面图（图中 α 为内坡角，β 为外坡角，A 为堤顶宽度）
（图片来源：据《安新县志》《圈头乡志》、1970 年美国地理测量局白洋淀地图自绘）

刘李庄等聚落。1942 年，当地农民为防白洋淀南溢，筑起护麦埝。1954 年潴龙河改道进入马棚淀后，形成固定堤埝。1975 年，淀南堤防加固，长 27 km，顶宽 6 m，高程 11~11.31 m，边坡比 1∶2.8~1∶2.7。1989 年春，县政府组织刘李庄 1.8 万人再次加固此堤，堤顶增高 1 m，加宽 0.5 m[3]434。

（2）排水、灌溉工程

由于淀区及周边旱涝灾害频发，洼地单元的灌溉和沥涝成首要问题，白洋淀地区特别重视沟、渠、闸、井及扬水站等排水、灌溉工程的统筹建设，以便于排沥与灌溉。因此，整体空间布局以水利灌溉设施建设为核心逻辑，形成闸、渠、田、村共生的人居环境单元。

在白洋淀周边，关城村与新安县是排水、灌溉工程营建典型的区域。据记载，"关城村营田，引白洋淀之水，泄于村后沟内"[13]。清乾隆时期关城村位于千里长堤之上，"南临白洋淀，北有月堤一道。临淀建有砖闸，引水至月堤内。又于月堤建木闸三座。三渠导水至闸外，支分九道，灌地九十余顷，其地南高北下……旧筑有土埝一道，以御沥水，涵洞五座，使渠水可以北届，沥水可以南泄……旧埝涵洞，均为修整，庶民田得渐复灌溉之利"[14]。"雍正六年，县治西北关城村营治稻田共四十五顷八十亩，农民自营稻田共四十顷。雍正九年，改旱田二十四顷五十九亩二分"[14]。关城村至今尚存清代砖闸一座，木闸三座，涵洞九座。关城村通过不同时期的排水工程整治，取得显著治理成效，稻田面积不断扩大，村落环境也得以提升。

新安县亦拥有完整的排水、灌溉体系，对于村落安全和农田营建起了决定性作用。历史上新安县三面皆积淀，淀泊地势低洼，每逢大雨城内雨水漫灌形成沟壑，庄稼损失惨重，民生凋敝。史载世宗雍正四年（1726年）雍正帝派遣大学士朱轼兴修新安堤工，邑人张鳞甲监修，新安县的排水、灌溉工程包括新河一道、横堤一道、水闸八座，外建围圩，内通沟渠，形成了集堤、闸、围圩、沟渠于一体的排水、灌溉体系（图5-14）。这样新堤与新安北堤形成封闭堤埝，使洼地免受沥涝之苦。由于洼地内排水工程的建设隔绝了外围沥水，持续的淤灌使得洼地淀泊淤积为肥沃的农

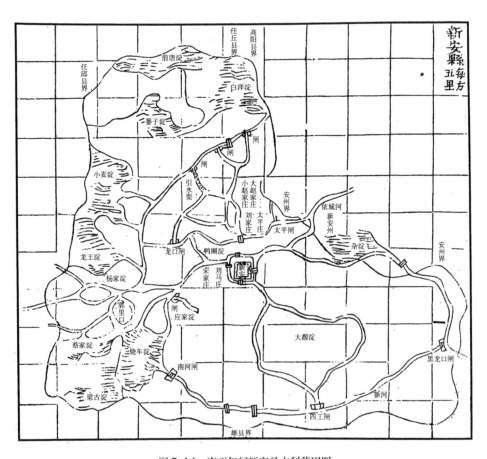

图5-14 雍正年间新安县水利营田图

（图片来源：中国水利史典编委会《中国水利史典·海河卷二》，第693页）

田。《白洋淀志》载，新河新堤的建成，切断了洼地的北来水源，使大溵淀（今大王淀）、宋庄、太平庄、刘家庄、赵庄难以积水，变成良田。雍正五年至七年，新安县地区稻田营建面积逐年增多，稻田遍布，农民收获颇丰，"贫瘠之区皆烝烝殷富矣"[15]。

在洼地内广泛修建河渠是重要的排水、灌溉方法之一，以河渠串联起河闸、村落和农田，形成主要干渠网络。渠道分为两种：一种是连通型渠道，如古籍记载"修涞城渠，东灌张村、北浇大王之地；继修六道河渠，引淀水西行浇南、北六里及小王村地"，其中涞城渠和六道河渠均是与堤外河流两端相通的连通型渠道；另一种是尽端式河渠，"由麦淀口入淀处建闸一座，引水东行灌溉山西村、申明亭之田"，这种渠道是在枯水期引入淀水灌溉，汛期开闸泄涝的单向尽端渠道。淤积农田处，广泛建设沟洫、规整农田，形成干渠末端的沟洫毛细系统。经过各个朝代在排灌方法及设施方面做出的努力，减少了水对生活的影响，白洋淀地区人民得以正常生活[1]。

1949 年后随着生产力的发展，白洋淀地区广泛修建扬水站。1957 年至 1989 年该地区共修建扬水站 21 处，安装排灌机组 97 组，扬水能力 1228 立方米 / 秒，设计控制排水面积 104 万亩，设计灌溉面积 28.5 万亩，排涝标准为三至五年一遇。较大的扬水站有曲堤扬水站、大张庄扬水站、南河扬水站、端村扬水站、同口扬水站、庄子扬水站等。自 1957 年开始至 20 世纪 70 年代中期，建成排水干渠 22 条，全长 13.26 万米，排水支渠 47 条，全长 14.1 万米，排碱沟 5 条，全长 16.18 万米。

古代闸、渠等灌溉设施在白洋淀分布较多，1949 年后同样大力修建灌溉设施。自 1957 年至 1979 年共开挖灌溉干渠 19 条，全长 8.04 万米，灌溉支渠 70 条，全长 12.3 万米。挖井也是灌溉工程的重要部分。1949 年安新县旧有土井、砖井共 3813 眼，1954 年至 1956 年土井被大水淹塌殆尽，后县里组织打井，至 1996 年全县共有机井 5065 眼[3]435-441。

2. 航运体系及行宫遗址

白洋淀航运历史悠久，在商周时期已有航道出现，起着运输货物与水上交通的作用。三国时期出于军事需要开挖了白沟河，使船可通过白沟河进入大清河，这成为当时南北通航的主要航道。白洋淀水系面积广大，内河航运与运河漕运连通，形成航运体系。隋时隋炀帝下令开挖永济渠，白洋淀成为其重要的供水来源与漕运重要通道。唐代为加强边境防御，将永济渠与其他众多沟渠淀泊连通，起到蓄水滞洪和调节航道的作用，促进水上军事物资的运输。北宋时期大清河、海河成为两军对峙的前沿地带，北宋政府疏浚河道，于是白洋淀地区航运迅速发展，水上交通网建立，码头繁荣，进入航运史上的辉煌时期。元朝白洋淀淤积严重，淀泊干涸，至明淀泊水量充盈，但河流摇摆不定，无法持续通航。清代淀河得到大规模整治，白洋淀迎来航运史上的黄金时期，形成"西淀渔歌""浮梁驰渡"等景观。近代由天津经大清河、白洋淀、府河至保定的航线全面开通，白洋淀上下游皆通航（图5-15）。20世纪六十年代中叶后，河道淤积断流，白洋淀至天津断航[2]141-151。

经历代水利营建，白洋淀区域形成复杂的聚落航运体系。此区域存在两类水运

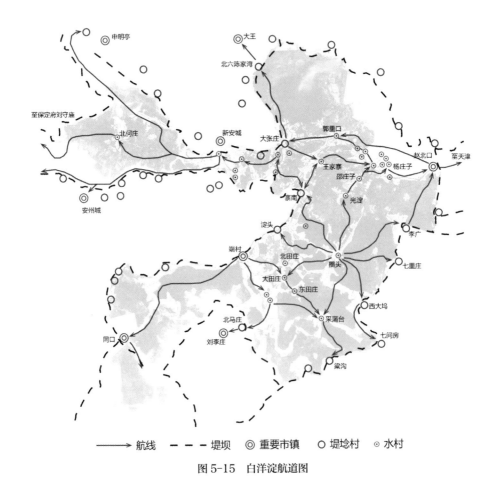

图5-15 白洋淀航道图

航道，一类为负责远距离运输的区域性水运航道。主要航道有 11 条，东西方向以府河、大清河为主，南北方向以潴龙河为主，总里程 558 km，西至保定刘守庙，东到天津卫，南达安国伍仁桥。其航线水深船阔，例如，府河到大清河的航道可通行 100 吨位的船只，潴龙河河道可通行 60 吨位的船只，因而孕育了一系列商业繁荣的水运码头，在清末民初时，新安、赵北口等码头曾盛极一时。另一类是地方性的通航渠道，淀内 29 个水村聚落和 36 个堤埝聚落均可通航，最大航道可通行 10 吨位的船只。这些码头，以安州、北六、端村、同口、北马庄等地方性的水陆码头为首，成为周边水陆转运的重要节点，与上游南瀑河、北瀑河、萍河形成短途航线。这些水运航线在 1949 年后多湮废，但在 1988 年白洋淀重新蓄水后，仍存有安新县城东关、南关、端村、杨庄、赵北口码头，水区各村保留了临时停泊的简易码头。

当今白洋淀航运体系与清代大清河水上物流贸易活动有关。历史上繁盛的水上交通使白洋淀地区码头林立，其中部分至今仍在发挥作用，以安新镇码头与赵北口码头为例。安新镇码头是白洋淀码头的缩影，为乘客往来和货物集散的重要码头，包括东关码头和南关码头。自明清以来，船工、挑夫、商人等云集码头，场面喧嚣忙碌，这种状态持续至白洋淀与天津断航之前，现码头已废弃，在北侧建立了新游船码头。赵北口为人们南北往来必经官道、津保航线的咽喉地区，赵北口码头是白洋淀上著名码头之一。此处地理位置和景观独特，引帝王文人留下众多笔墨文章。

除民间水运贸易外，皇家水猎活动和行宫建设，亦对白洋淀航运景观产生很大影响。该区域的皇家水围需求极大地促进了包括清代四大行宫在内的白洋淀皇家水猎风景体系的形成。白洋淀区域内的四座行宫包括赵北口行宫、端村行宫、郭里口行宫、圈头行宫，先后建成于康熙八年（1669 年）到康熙四十七年（1708 年）间[注①, [16]]，康熙时期奠定了白洋淀作为水猎风景地的基本格局（图5-16）。在康熙十六年(1677年)

注① 《安新县志》与其他志书有不同说法，采信夏成钢的论述。

图 5-16　清乾隆时期白洋淀及四座行宫图

（图片来源：高晋，等编撰．张维明选编．南巡盛典名胜图录[M]．苏州：古吴轩出版社，1999：7）

到乾隆二十六年（1761年）间白洋淀区域共水围33次，驻跸14次注①，是与木兰围场并驾齐驱的畿南皇家猎场。其中，赵北口行宫建于康熙年间，占地12亩，坐西朝东，三面环水。行宫内建有大殿5间，皇后宫3间，太后宫3间，军机处3间，差办房3间，膳房3间，配房6间。东南方有坐辇处，西建有御花园，东大门前建有石坊一座。赵北口行宫西观淀水烟波，白帆点点，南观十二连桥如巨龙卧波[17]（图5-17）。康熙在《御制鄚州水淀记》中表达了自己在白洋淀水猎时的心态："与群臣春蒐于南

注①　《圈头乡志》第281页到282页中记载"康熙皇帝在位六十一年间，或举行水围，或访问民情，或水上围猎，或巡幸回程，他曾先后40次来这里，其中水围29次，有11次在圈头周围淀泊水上围猎并驻跸圈头行宫"和"乾隆皇帝仿效其祖，先后五次来到白洋淀，其中在乾隆十三年、十五年、十八年、二十六年四次在白洋淀水上围猎，三次（乾隆十五年、十八年、二十六年）在水上围猎后驻跸圈头行宫"。雍正并无水围或驻跸的记录。加在一起便是水围33次，驻跸14次。

浦，泛舟于河淀，庶凭欢心，以召和气。万物畅茂，顺阳和而布政；三光烛耀，赈贫乏以劝农……同君臣之乐，岂独流连光景已哉？"这段话表明，在康熙帝心中，巡幸白洋淀，不仅是水猎游憩行为，更是兼有巡查水利和劝诫农桑的政治活动。前文提到的四座行宫居于白洋淀的四个主要方位，是在妥善规划皇帝水围路线基础上，为方便皇帝水围驻跸和观景而选择的。每一行宫被三到五处水围淀泊环绕，相邻行宫之间的距离均在半日水路之内，由此形成串联四处行宫、十余处淀泊和若干沿途水村的水围景观廊道。

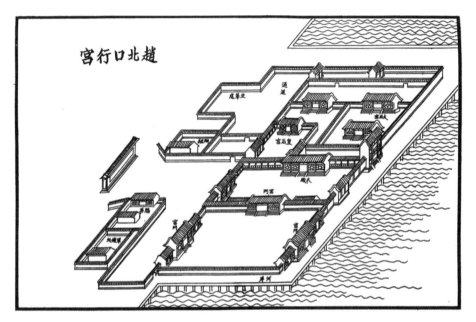

图 5-17 白洋淀赵北口行宫图

（图片来源：刘统，刘炳. 任邱县志[M]. 影印本. 台北：成文出版社有限公司，2007）

5.4 其他构成要素

1. 军事建筑及遗址

白洋淀地区特殊的地理位置、优越的自然条件，使其成为天然的屏障，是"川堑渎沟，葭苇丛蔽，兵法谓泉土纵横，天半之地"[18]，自古以来此地时常成为政权边界地区，在政权对抗过程中形成了城墙、地道和早期长城等军事防御设施。

白洋淀地区现存的城墙遗址有鄚州城墙遗址、鄚州南城门、安州古城墙、新安城墙等，共 8 处。其中鄚州城位于河北省鄚州镇鄚州村周边，始建于东周时期，经历代重修，面积广大，总面积为 5 280 000 m²，城内被分为不同的区域，功能全面，整体保存状况良好。现存鄚州南城门，当地人称"南阁"，重建于清嘉庆年间。遗址采集遗物丰富，包括陶器、石器、石像、碎砖等，年代跨度较大，上起战汉，下至唐宋，更有难得的北朝遗存，可见它是一处重要的古遗址，具有重大历史价值。

邢村大台地道，与祁岗边关地道同属宋辽边关地道（该遗址被国务院公布为第六批全国重点文物保护单位）的组成部分，位于雄县小步村乡邢村南，是北宋时期白洋淀地区重要的军事防御设施。它的发现为宋、辽、金的政治、军事、经济、历史研究提供了重要的实物证据。目前已建成博物馆对外开放。地道结构极为复杂，为青砖结构，由甬道与洞室组成。洞体曲折延伸，高矮宽窄不一，带有翻眼、闸门、夹壁墙等设施，保证了地道的安全性。

早期长城遗址燕南长城黑龙口段为省级文物保护单位，位于容城县小里镇黑龙口村东。燕南长城是燕赵两国的分界线，是我国年代较早的长城之一，与白洋淀关系紧密。该长城多处沿用为河堤，具有较高的历史、科学价值[8]35，对其准确断代还需开展扎实的考古工作。

2. 古墓葬

白洋淀地区共有古墓葬 10 处，雄县 3 处，安新县 7 处。墓葬年代普遍较早，其中 60% 为汉代墓葬。西周末年至汉，黄河改道至古大河东道，白洋淀面积开始收缩，人类居住痕迹增多，故白洋淀地区墓葬年代多集中于汉代。

王家寨汉墓群位于王家寨村东 250 m 处，枯水时可见四个大型土丘，出土了文物绳纹瓦板及绳纹陶瓦片，部分绳纹瓦板长 65 cm 以上。边村汉墓位于端村镇边村东，出土陶狗、陶猪、陶俑、陶斗等文物，墓砖为大绳纹、小绳纹砖[3]905。

3. 革命文物

白洋淀地形复杂，芦苇茂密，其复杂的淀泊环境具有突出的军事防御意义。在抗日战争中，面对民族危机，白洋淀人以坚毅不屈的性格和机智的头脑，奋勇反抗，保卫家园，很多英雄在此献出了宝贵的生命。

白洋淀地区共有革命文物 28 处，其中安新县 27 处，雄县 1 处，包括烈士纪念地，如烈士祠、烈士塔、烈士墓等，此外，还有重要历史事件的发生地，如雁翎队战址等。

安州烈士塔（图 5-18（a））位于安州镇西角村，为八角形五层砖塔，坐北朝南。塔高 30 m，周长 21.6 m，主碑正面刻有"革命烈士永垂不朽"的大字，背面刻有碑文。主碑右侧青白石碑上刻有 1781 名烈士的姓名，二、三层分别放置刻有烈士英名的碑、灵牌及遗像。

大田庄庙（图 5-18（b））位于大田庄村东，包括正殿的奶奶庙、南房的关帝庙和东西厢房的宿舍与存经处。此庙建于清乾隆时期，抗战时期为抗战团体活动的主要场所，冀中区反"扫荡"和改编河北游击军等重要的会议曾在此召开，此处同样也是部分革命报纸的印刷处和书籍的创作地。

雁翎队战址（图 5-18（c））是当年小队成员抗击敌人时的战斗发生地。"雁翎队"是安新县三区区小队的称号，他们作战时使用一种土枪做武器，为防止弹药受潮，他们往往在信口处插上雁翎，由此得名。面对日军的搜刮和逼迫，雁翎队队员利用地形优势抗击日寇，与敌人交战 70 余次来配合主力部队解放新安城，英雄事迹被老百姓广为传颂。

综上所述，本章对白洋淀地区聚落遗产构成要素进行研究，将其分为自然环境与产业景观，居住遗址、古建筑与传统聚落，水利、航运及行宫遗址和其他构成要素四个类型。这些遗产要素共同形成了以传统聚落为核心，兼具生产、居住、防洪、灌溉、航运等功能的聚落整体。

传统聚落是串联各类型遗产要素的结构性资源，具有独特的功能价值和文化意

(a) 安州烈士塔　　　　(b) 大田庄庙　　　　　　(c) 雁翎队战址

图 5-18　白洋淀地区的革命文物

义,是白洋淀地区遗产保护与利用的关键。首先,白洋淀优越的淀泊环境为传统聚落的营建和经济生产提供了丰富的自然基底,而以渔、苇为核心的经济生产模式也催生了以航道划分聚落景观的组织形式,造就了白洋淀周边苇田景观与淀泊景观的广泛分布;其次,聚落内部存在极具地域特色的民居、寺庙和桥梁等传统建筑,其空间形态和社会形态受到白洋淀地区自然地理、历史文化和社会生活等要素的极大影响;再次,聚落内部存在沟、渠、闸、井等排水灌溉工程,外部又有历代修筑的出于防御与防洪需要的重大堤防工程,在赵北口村、端村、郭里口村、圈头村等区域更分布有四大行宫,串联起白洋淀地区的水利、航运与行宫体系。因此,笔者认为,白洋淀地区要重视传统聚落的整体性保护,以传统聚落为核心对象进行遗产价值的系统性评估。

白洋淀聚落遗产价值评估体系

上一章讨论了白洋淀地区聚落遗产构成要素，基于这些要素开展研究能为科学、定量地评估聚落遗产价值提供参考，也可以为后续提出聚落遗产保护策略提供依据。这一章首先从历史价值、艺术价值和科学价值三个方面对白洋淀聚落遗产价值内涵进行论述，然后采取熵权模型对白洋淀地区聚落遗产价值进行定量测度，得出白洋淀聚落遗产保护等级，从而为后续的聚落遗产保护策略的制定提供支撑。

6.1 白洋淀聚落遗产价值内涵

遗产价值内涵分析是聚落遗产保护工作开展的前提。笔者从历史价值、艺术价值和科学价值三个方面对白洋淀聚落遗产进行价值分析。历史价值体现在白洋淀地区聚落遗产的环境史、文化史和军事史等方面的史料价值；艺术价值体现在白洋淀地区建筑装饰类型中的造型、色彩、纹饰、材料等方面，展现当时白洋淀匠人独特的艺术审美；科学价值则体现在白洋淀地区的民居建筑上，其建筑选址、墙体与屋顶做法都具有较突出的水环境适应性。

1. 历史价值

历史价值是遗产的基本价值，是遗产因经历了时间而产生的价值，可以成为某个历史时间段人类活动的见证物。笔者认为，白洋淀地区聚落遗产的历史价值包括环境史、文化史和军事史三个方面。

环境史方面，白洋淀地区的聚落遗产记录了当地水域和地质的历史演变。白洋淀地区在古地理环境中位于黄河下游（汉代以前），人类很早就在此生存繁衍，古代文化丰富多样，居住遗址呈现时间跨度大、分布范围广的特点。本地区聚落遗址时空分布，很大程度上反映了当时的自然环境特征。史前时期，白洋淀地区气候逐渐向温凉干燥发展，古白洋淀也随之收缩、分裂，并伴随着部分淀泊的局部干涸。这个时期，白洋淀及其周边形成了大量的人类居住遗址，这些遗址分布在安新县、容城县的广大区域内[1]，为白洋淀地区环境考古学提供了研究素材。

文化史方面，白洋淀地区早期不同阶段的居住遗址反映了当地的文化发展规律。

新石器文化中，梁庄遗址、三各庄遗址、申明亭遗址覆盖了新石器时代早、中、晚全期，分别是仰韶文化早期、仰韶文化中期和龙山文化时期的人居形态代表。

军事史方面，白洋淀地区的军事建筑或遗址记录了各个朝代的政治军事发展状况。本地区在历史上曾多次处于政权边境地带，军事摩擦与对抗频繁发生。遗存的古城墙、长城、地道等军事建筑或遗址，展示出历史上淀泊附近区域的政治、经济、军事等情况，是研究政权、防御体系及边境贸易的重要资料。燕长城是燕赵之间军事对抗的产物，宋辽边关地道为宋辽间的军事防御设施。明清时期，白洋淀地区作为"畿辅屏障"开始大规模修筑城池，安新城墙就是其中的代表。

2. 艺术价值

遗产通过造型、色彩、纹饰、材料等给观者带来美的享受，反映了创造它的时代的审美情趣、美学史料等方面的内容。可以从遗产本体上辨识不同时代的艺术风格，获取当时的社会文化信息。白洋淀地区位于京津冀腹地，气候环境独特，文化丰富多样，形成的建筑装饰具有一定的艺术价值。

（1）女儿墙装饰

白洋淀地区传统建筑多为砖木结构，整体色调以青灰色为主。建筑装饰集中于女儿墙、墀头等部位。其中"闷葫芦罐儿"样式立面素雅，最为突出的建筑装饰便是其女儿墙装饰。现存女儿墙装饰样式大致分为花瓦装饰、水泥装饰、花砖装饰、瓷砖装饰四种（图6-1）。

传统女儿墙装饰手法以花砖、花瓦装饰为主，花砖装饰依靠青砖排列、凹凸与虚实的变化丰富其视觉效果，其纹饰多为轴对称，刻意追求具有方向性的装饰图案，意在弥补青砖短直线条带来的单调感；花瓦装饰的主题构图则更加均衡，工匠更倾向于利用花瓦弧形的线条与轻薄灵动的质感拼装具有均衡感的中心对称图形。而随着时代的发展，淀区民居采用的装饰材料也丰富起来，其中水泥装饰率先出现，以其装饰整体的完整性和优越的可塑性使女儿墙的装饰主题拥有了叙事的可能。随着瓷砖的普及，色彩丰富、质感光滑的瓷砖被引入女儿墙及墙体装饰中，为女儿墙增添了亮点。

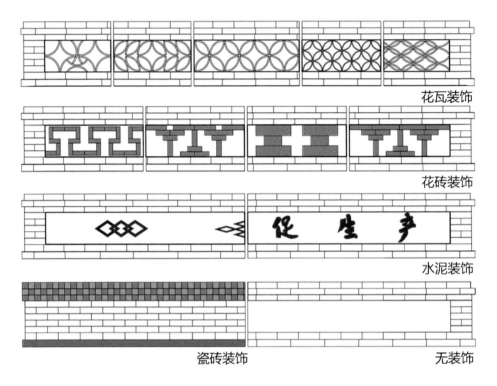

图 6-1　白洋淀地区传统民居建筑女儿墙装饰示意图

（2）墀头装饰

白洋淀地区传统民居建筑墀头盘头部位装饰以花鸟为主要题材，花卉主要有梅花、牡丹等，鸟类有喜鹊、凤凰、鸽子等。建房日期作为装饰被一起镌刻以作纪念，盘头部位记录的时间是研究本地传统民居建筑的宝贵资料。戗檐砖的雕塑主要使用浅浮雕，有的会在浅浮雕的基础上填色，有黑白和彩色两种形式（图6-2）。

建筑装饰中鸽子装饰不仅会出现在墀头部位，也会出现在院门和女儿墙等处。在调研中村民称鸽子装饰为"平安鸽"，代表了当地居民朴实的愿望。

这些装饰图案丰富活泼，是一种质朴的水乡风格。砖雕等手艺精湛，世代相传，是优秀的非物质文化遗产和艺术财富。这些传统建筑装饰体现了白洋淀匠人的艺术审美，具有一定的艺术价值[2]。

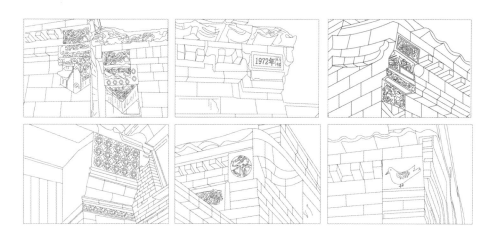

图 6-2 白洋淀民居建筑墀头装饰

3. 科学价值

科学价值指建筑遗产在从原材料的获取、加工到制作完成的社会生产活动中体现出来的社会生产力水平、社会经济状况和社会科学技术的发展水平[3]。通过对这些建筑进行分析可以了解白洋淀聚落选址与建筑营造方面的方法和技术[4]，其建筑选址与规模、墙体与屋顶做法具有较高的水环境适应性特征，这些建筑技术对于今天水村保护和营建具有较突出的借鉴意义。

（1）建筑选址与用地规模

在多洪水多泥沙的水文条件下，不论是"择高而居"还是"依堤而建"的村落，其地形都是自然环境与人工改造不断互动的结果。淀区地形改造的过程中形成了传统民居的特定空间模数特征。村民将上游冲入湖淀的泥沙挖出，覆盖在原本微微高起的地段，在浅湖区域营造出芦苇"台田"以维持生计。一块苇田，被当地人称为一"段"，其面积是由一组苇户进行芦苇收割与运输作业的合理规模决定的，宽度大多为 20~30 m，长 100~200 m。随着淀区人口的增长，苇田被进一步填高并在其上修建民居建筑。因此，民居建筑地块延续了苇田的基本尺寸，两巷间隔 20~30 m，每户民居的平面尺寸进深多为 10~15 m（图 6-3）。

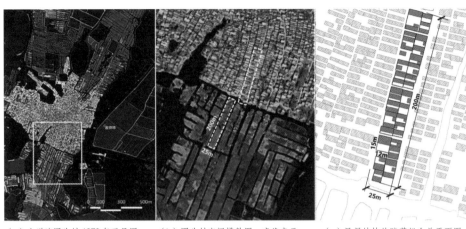

(a)白洋淀圈头村1970年卫星图　　(b)圈头村空间模数图,虚线表示一　　(c)民居地块的院落组合总平面图
　　　　　　　　　　　　　　　　　　个典型民居地块或苇田地块的基本尺寸

图 6-3　圈头村历史卫星影像及其局部放大图
（图片来源：作者在1970年安新县卫星图基础上自绘）

（2）墙体做法与建筑防潮技术

在淀区特定的气候与环境条件下，民居建筑的建造需要注重节省砖、木材并强化建筑防水。民居墙体做法以节省用砖（白洋淀区域取土困难）和防洪为主要目标，因此形成"下砖上土""里生外熟""空斗砌筑"三种墙体砌筑方式。为减少用砖量，墙体中上部常以土坯为主要砌块进行砌筑（"下砖上土"），或采用在土坯外垒砖、内墙皮抹麦糠泥的做法（"里生外熟"）。20世纪60年代，水区洪涝成灾，"下砖上土"和"里生外熟"的房屋被水浸泡后极易坍塌，因此淀区工匠改横卧砖为横立砖，俗称"斗房"。

在雨洪和潮气影响下，淀区民居建筑的墙体根部因受潮、水泡而酥碱，常成为建筑最为薄弱的部分，为应对这一问题产生了独特的"苇碱"做法（该构造也被当地人称为"碱"或"墙碱"）。这一做法是指在墙体下碱顶端以芦苇、木条、麦糠泥为原材料做防潮层。在白洋淀地区，苇碱成为保障墙体安全的重要做法，并形成了许多相关风俗。例如，修建房屋时，亲朋邻里赠送建房者粉、酒、肉、鱼、烟等礼信的行为被称为压碱[5]。

苇碱的具体做法是在三尺高的墙体上部，分层交替铺置芦苇与麦糠泥，并在墙体转角处垫入木板，以防止后期压碱时用料被挤出，铺料完毕再对防潮层进行压实处理,使防潮层具有足够的承重能力,之后继续砌筑上部墙体,苇碱层经历沉降后将保持2寸(约6.7 cm)左右的厚度,苇碱中的芦苇秆垂直于墙体,开口向外,可将墙体中的水汽排出(图6-4)。这种做法被白洋淀居民普遍使用,既因地制宜地使用芦苇材料,又提升了房屋的安全性和耐久性。

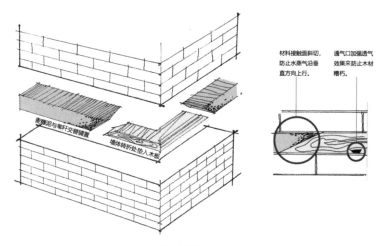

图6-4 苇碱墙体中段和转折处做法

(3)屋顶做法与建筑排水技术

平屋顶是白洋淀水区民居的常见形式,在长期的营造活动中,为了应对夏季暴雨排水问题,当地工匠发展出两种屋顶排水形式(图6-5)。

第一,跨山排水,多见于"前明子"型和混合型民居。为了防止落水打湿墙面,常在屋面找坡将水引至平屋顶边缘,并拼接一段有瓦的坡屋面,由此形成独具特色的跨山构件。它包括两种排水方式:水流向前檐的"一出水",以及中间高、前后低的"两出水"。根据跨山坡屋面是否有脊,其做法可分为三种(图6-6)。第一种,无脊做法,常见于"闷葫芦罐儿"型民居,造型简洁,檐椽较短或使用砖做假椽。第二种,简易有脊做法,常见于"前明子"型民居,出挑较远,其中部分建筑会在脊部配以精美砖雕。第三种,复杂有脊做法,出挑距离最长,跨山部分甚至形成带有檐柱的前廊,较为少见。

第二,女儿墙落水口排水,多见于"闷葫芦罐儿"型民居。这种排水方式较跨山排水更加简洁,在屋面划分排水区并找坡,将积水引导至排水口处,排水口下方

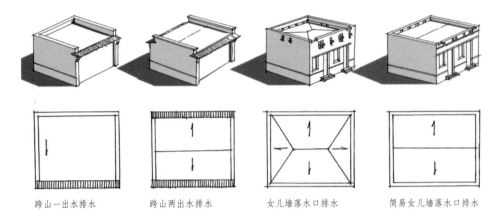

| 跨山一出水排水 | 跨山两出水排水 | 女儿墙落水口排水 | 简易女儿墙落水口排水 |

图 6-5　屋面排水方式

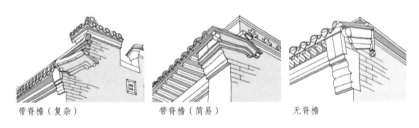

带脊檐（复杂）　　　带脊檐（简易）　　　无脊檐

图 6-6　跨山坡屋面的三种做法

以滴水或砖伸出墙面。排水口在墙面上多根据窗间墙的宽窄单双间隔排列，使立面富有韵律、更加美观。女儿墙根据复杂程度不同可分为复杂型和简易型两种（图6-7）。复杂型女儿墙高度约40 cm，常有砖雕装饰。简易型女儿墙位置只卧砌两或三层砖，美观性不足，是一种较为经济的排水做法[6]。

白洋淀人在千年的发展变化中逐渐掌握应对旱涝等自然灾害的方法，用身边易于获取的芦苇、泥等材料造房，在淀中或淀边因地制宜建造房屋，创造性地改进房屋墙壁和顶部的防排水措施，体现了白洋淀地区聚落遗产的科学价值。

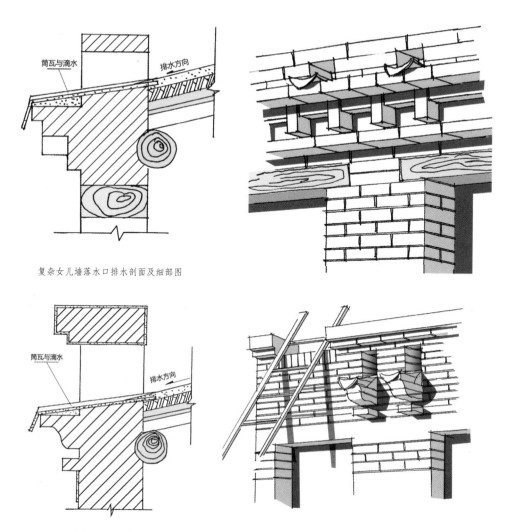

复杂女儿墙落水口排水剖面及细部图

简易女儿墙落水口排水剖面及细部图

图 6-7 女儿墙排水做法

6 白洋淀聚落遗产价值评估体系 | 115

6.2 白洋淀聚落遗产价值评估指标与样本的选取

1. 评估体系构建的原则

为给白洋淀地区聚落遗产的保护利用提出合理化建议，应建立一套科学的聚落遗产价值评估体系。构建该评估体系，须遵循以下几项原则。

（1）综合性原则

白洋淀地区聚落遗产的价值应从多维度、多层次进行评估，不仅要考虑聚落本体物质资源的完整程度和丰富程度，还应考虑其所处的区域环境与背景。

（2）地域性原则

在评估指标的选取及量化分析上，须着重突出白洋淀地区自然、文化、历史等方面的独特特征，体现白洋淀地区聚落与其他聚落的差异性。

（3）普遍性原则

价值评估指标应涵盖一般聚落所共有的基本特征，具有一定的代表性和普遍性，在一定程度上能够迁移适用于其他水相关聚落遗产的价值评估。

（4）可操作性原则

该评估体系的赋值和计算应便于操作，利于分析各类指标的优劣条件，为制定有针对性的保护策略奠定基础。

2. 评估指标的选取

本研究从宏观、中观、微观三个层面综合考量聚落的外部环境与物质本体，共选取3个一级指标、5个二级指标和15个三级指标对白洋淀地区的聚落遗产价值展开评估（图6-8）。

（1）基于聚落周边环境的评估指标

第一个一级指标为聚落周边环境，包括自然及农业、渔业景观环境1个二级指标，其下包含3个三级指标。3个三级指标为：①丰富度，指聚落周边景观类型丰富程度，包括农、苇、渔、林、园等类型，评估对象周边景观环境越丰富，其聚落景观环境价值越高；②完整度，指聚落所依存的地形地貌、水体、植被等自然环境的完整性；

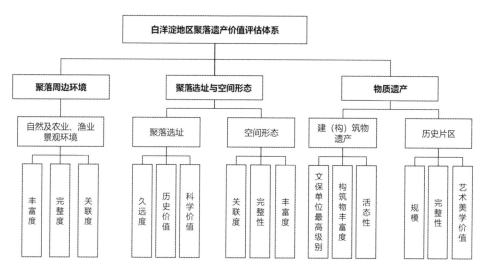

图 6-8 白洋淀地区聚落遗产价值评估体系构建框架图

③关联度，本区域聚落具有鲜明的水区特征，因此本地区的聚落在其周边环境价值评估上应主要考虑与白洋淀环境的关联程度，指其水环境遗产价值。

（2）基于聚落选址与空间形态的评估指标

第二个一级指标为聚落选址与空间形态，包括聚落选址、空间形态 2 个二级指标，2 个二级指标下各包含 3 个三级指标。

聚落选址所包含的 3 个三级指标为：①久远度，指聚落及其文化遗产资源的历史沿革久远程度，评估对象历史年代越久远，其价值越高；②历史价值，指村落的选址与历史事件、历史人物等的关联性，以及对相关历史事件的见证作用；③科学价值，指白洋淀地区聚落选址所蕴含的科学技术和传统社区知识。

空间形态所包含的 3 个三级指标为：①关联度，指聚落空间形态的产生及发展与白洋淀水环境的关联度，受白洋淀环境、水利工程等自然、社会、历史因素的影响越明显，聚落遗产价值越高；②完整性，指聚落格局形态的保存现状，包括街巷体系、边界形态、空间布局等方面；③丰富度，以聚落与水域、堤坝、台田、沟渠的关系为前提，以聚落边界形态的复杂程度为标准，判断陆村聚落、堤埝聚落、水村聚落的空间形态丰富程度。

（3）基于物质遗产的评估指标

第三个一级指标为物质遗产，包括建（构）筑物遗产、历史片区 2 个二级指标，2 个二级指标下各包含 3 个三级指标。

建（构）筑物遗产所包含的 3 个三级指标为：①文保单位最高级别，指聚落内部文保单位的最高级别，评估对象范围内文保单位级别越高，价值越高；②构筑物丰富度，指现存历史环境要素种类丰富程度，包括堤坝、闸口、渠道、桥梁、航运码头等，评估对象内部现存构筑物越丰富，其价值越高；③活态性，指聚落内历史建筑和历史环境要素的活态传承程度及保存状况，评估对象的活态传承程度越高，其价值越高。

历史片区所包含的 3 个三级指标为：①规模，指历史建筑用地面积占聚落建设用地面积的比例，规模越大，聚落价值越高；②完整性，指现存历史片区的风貌协调性、质量及建筑功能丰富程度；③艺术美学价值，指传统建筑的艺术观赏性、技艺水平以及艺术典型性，包括现存历史建筑所具有的造型、结构、材料、装饰等所蕴含的地域特色、建筑细部及装饰等。

3. 评估样本的选取

本项目共包含 168 个研究对象，样本量及工作量巨大。为便于开展白洋淀地区聚落遗产价值调研评估工作，本节采取以点代面的方式，选取具有代表性的聚落作为评估样本。

聚落的选取以全面性为原则，从聚落边界形态、空间形态类型、建成年代等条件出发，筛选出研究范围内的 15 个聚落作为评估样本（表 6-1）。样本中涵盖堤埝聚落、水村聚落和陆村聚落，且聚落的空间形态多样，建成年代较为分散，在白洋淀地区聚落中具有一定的代表性。

表 6-1　白洋淀地区聚落遗产价值评估样本聚落概况

乡镇	村名	聚落面积 /ha	选址类型	形态分类	主要生产类型	建成年代
端村镇	马堡村	3.17	堤埝聚落	月堤型	渔业、种植芦苇	宋
端村镇	关城村	12.20	堤埝聚落	月堤型	渔业、种植芦苇	明崇祯
端村镇	端村	13.59	堤埝聚落	月堤型	渔业、种植芦苇	明洪武

（续表）

乡镇	村名	聚落面积/ha	选址类型	形态分类	主要生产类型	建成年代
七间房乡	西大坞村	8.50	堤埝聚落	台堤型	渔业、种植芦苇	明中
端村镇	马家寨村	6.69	陆村聚落	带状水源型	渔业、造船	宋
安新镇	王家寨村	5.59	水村聚落	群岛型	渔业、种植芦苇	宋政和
安新镇	郭里口村	4.01	水村聚落	群岛型	渔业、种植芦苇	宋政和
圈头乡	圈头村	10.96	水村聚落	串联型	渔业、种植芦苇	明
圈头乡	邵庄子村	2.10	水村聚落	群岛型	渔业、种植芦苇	明永乐
雄州镇	杨西楼村	3.95	陆村聚落	无直观水源型	耕作	三国
端村镇	马村	4.54	陆村聚落	带状水源型	渔业、耕作	宋
大王镇	北六村	16	陆村聚落	点状水源型	耕作	宋
端村镇	边村	2.70	陆村聚落	无直观水源型	耕作	明
安州镇	七级村	3.38	陆村聚落	带状水源型	耕作、苇席加工	明永乐
安州镇	九级村	2.04	陆村聚落	带状水源型	耕作、苇席加工	明永乐

表格来源：作者根据相关资料综合整理。

6.3 白洋淀聚落遗产价值评估方法

1. 评估模型

目前，我国传统聚落保护研究多基于问卷调研、专家评判等经验性要素进行传统村落的调查与评估，多以定性描述评价为主[7]，随着研究的深入，定量评价方法也被广泛运用。朱晓明应用定量方法对古村落的评价标准进行了探讨[8]；王云才等从悠久性、完整性、乡土性、协调性和典型性五个方面利用加权平均后的传统村落价值指数对传统村落的价值特征进行了综合评价[9]；赵磊采用层次分析法和全排列多边形图示指标法对"茶马古道"沿线聚落的典型性文化遗产进行价值评估[10]；李久林等运用Delphi、AHP等方法从建筑遗产价值、民俗文化价值、传统生产方式延续价值、人居环境价值四个维度构建古徽州传统聚落多维价值评价指标体系[11]。

在传统评价体系中确定指标权重的方法较多，主要包括层次分析法、专家打分法等主观因素赋权方法以及熵权法、主成分分析法等客观因素赋权方法。在传统聚落遗产的价值评价过程中，评价的主观性往往是不可避免的，但为了减少主观因素对评价的影响，以便能客观、准确地确定白洋淀聚落遗产评价体系权重，本研究采用基于熵值权重的评价模型对白洋淀地区聚落遗产价值进行测度。熵权法目前已在多类评价体系中得到应用[12, 13]，其优点在于可利用熵值来判断某个指标的离散程度，其信息熵值越小，指标的离散程度越大，该指标的权重大，能在一定程度上减少传统评价确定权重的主观性。

评价步骤如下：首先对聚落遗产的三级指标进行评估赋分，然后根据赋分计算各三级指标的方差和方差贡献率，最后以方差贡献率为权重，通过加权求和的方式来计算聚落遗产价值的综合评价得分。具体计算指标见表6-2。

表6-2 白洋淀地区聚落遗产价值评分计算指标

三级指标	聚落1	聚落2	…	聚落n	方差	方差贡献率
I_1	X_{11}	X_{12}	…	X_{1n}	D_1	C_1
I_2	X_{21}	X_{22}	…	X_{2n}	D_2	C_2
…	…	…	…	…	…	…
I_M	X_{M1}	X_{M2}	…	X_{Mn}	D_M	C_M
评价得分	S_1	S_2	…	S_n	—	—

注：M为筛选前三级指标的数量；n为聚落数量；D_M为第M项三级指标下的各聚落评分方差；C_M为第M项三级指标下的各聚落评分方差贡献率；I_M为第M项三级指标；X_{Mn}为第M项三级指标下聚落n的分值；S_n为聚落n的最终评价百分比得分。

方差：
$$D_M = \frac{\sum_{i=1}^{n}(X_{Mi}-\overline{X_M})^2}{n}$$

方差贡献率：
$$C_M = \frac{D_M}{\sum_{i=1}^{n} D_{Mi}}$$

因此，表6-2中第n个聚落的遗产价值S_n的最终得分为：

$$S_n = \frac{20\sum_{i=1}^{n} X_{Mn}C_i}{\sum_{i=1}^{m} C_i}$$

其中，m为筛选后三级指标的数量。

2. 评估方法

（1）确定指标数量及分值

以明确指标权重为前提，确定各级指标数量及分值。首先，三级指标分数采取5分制，以确保三级指标的权重一致；然后，使每个二级指标均包含3个三级指标，以确保各二级指标的权重保持一致；最后，由于一级指标所包含的二级指标数量不一致，一级指标可以通过控制二级指标的数量来主观赋权。权重表现为：宏观低，中、微观高，即聚落周边环境权重为0.2，聚落选址与空间形态权重为0.4，物质遗产权重为0.4。

（2）三级指标评分

根据评估指标及指标分解释义（详见附录A），邀请两位熟悉当地情况的调研人员经过专业培训后依据实地感知，对白洋淀地区15个聚落样本的三级指标进行定性与定量评估并赋分，得到白洋淀地区聚落遗产价值评价指标的得分值（见表6-3）。

表6-3　白洋淀地区15个聚落样本遗产价值评估三级指标得分表

二级指标	三级指标	关城村	端村	邵庄子村	圈头村	郭里口村	王家寨村	马村	马堡村	马家寨村	七级村	九级村	杨西楼村	北六村	边村	西大坞村
自然及农业、渔业景观环境	丰富度	4	3	3	3	3	3	2	4	2	2	2	2	2	2	4
	完整度	3	3	5	5	5	5	1	3	1	3	3	1	1	1	3
	关联度	5	5	5	5	5	5	3	3	1	1	1	1	1	3	3
聚落选址	久远度	1	1	1	1	3	3	3	3	3	1	5	3	1	1	1
	历史价值	5	5	1	5	5	5	3	3	3	3	5	1	1	1	3
	科学价值	5	5	5	5	5	5	3	3	3	3	3	1	3	3	3
空间形态	关联度	5	5	5	3	3	3	3	3	3	3	3	1	1	1	1
	完整性	5	3	5	3	3	3	3	5	3	3	3	1	1	1	1
	丰富度	5	5	3	3	4	3	4	5	5	2	2	2	1	1	1
建（构）筑物遗产	文保单位最高级别	2	1	1	2	1	2	1	2	1	1	1	1	1	1	1
	构筑物丰富度	5	5	4	4	4	4	2	4	4	1	1	1	3	2	3
	活态性	5	5	3	5	3	3	3	3	3	3	3	3	3	3	3

(续表)

二级指标	三级指标	关城村	端村	邵庄子村	圈头村	郭里口村	王家寨村	马村	马堡村	马家寨村	七级村	九级村	杨西楼村	北六村	边村	西大坞村
历史片区	规模	3	3	3	3	1	3	3	3	3	1	1	1	1	3	1
	完整性	5	5	3	5	3	3	5	3	3	3	3	3	3	3	3
	艺术美学价值	5	5	5	5	5	5	3	3	3	1	1	1	3	3	3

表格来源：作者根据白洋淀地区聚落遗产价值评估指标评分标准赋分。

（3）计算各三级指标方差和方差贡献率

根据三级指标评分结果计算各三级指标的分值方差和方差贡献率。其中方差（D_M）是指每个三级指标分值与样本分值的平均数之差的平方值的平均数，反映指标的离散程度；方差贡献率（C_M）指单个指标方差占总方差的比例，反映指标的重要程度。方差贡献率越高，则该项三级指标的评分越分散，即该项三级指标中各聚落差异更大，说明该指标更具备参考价值。方差（D_M）和方差贡献率（C_M）的具体计算方式为：

方差：

$$D_M = \frac{\sum_{i=1}^{n}(X_{Mi}-\overline{X_M})^2}{n}$$

方差贡献率：

$$C_M = \frac{D_M}{\sum_{i=1}^{n} D_{Mi}}$$

根据以上计算方式，可得到15个聚落样本遗产价值三级指标的方差和方差贡献率（表6-4）。

表6-4 白洋淀地区15个聚落样本遗产价值三级指标的方差及方差贡献率

二级指标	三级指标	方差（D_M）	方差贡献率（C_M）
自然及农业、渔业景观环境	丰富度	0.77172246	0.04123
	完整度	1.496662955	0.07996
	关联度	1.6653328	0.08898
聚落选址	久远度	1.236482466	0.06606
	历史价值	1.436043949	0.07673
	科学价值	1.818424226	0.09716
空间形态	关联度	1.359738537	0.07265
	完整性	1.54344492	0.08246
	丰富度	1.499629584	0.08012
建（构）筑物遗产	文保单位最高级别	0.489897949	0.02617
	构筑物丰富度	1.275408431	0.06814
	活态性	0.8	0.04274
历史片区	规模	0.942809042	0.05037
	完整性	0.884433277	0.04725
	艺术美学价值	1.496662955	0.07996

表格来源：作者根据方差及方差贡献率计算方式计算所得。

（4）筛选方差贡献率

将所有三级指标（M）按降序对方差贡献率进行排序，由大到小逐一加和，直到累积贡献率超过80%，去除剩余的三级指标，剩余的几项三级指标（m）则作为评估样本价值的最终指标。

以此为依据，对15个聚落样本的方差贡献率进行排序（表6-5），累计贡献率超过80%后，可以确定去除历史片区完整性，建（构）筑物遗产活态性，自然及农业、渔业景观环境丰富度及建（构）筑物遗产文保单位最高级别4个三级指标，剩余的11个三级指标则为评估样本价值的最终评价指标。

表6-5 白洋淀地区15个聚落样本遗产价值方差贡献率筛选细则

二级指标	三级指标	方差贡献率	累计贡献率
聚落选址	科学价值	0.09716	0.097155206
自然及农业、渔业景观环境	关联度	0.08898	0.186131007
空间形态	完整性	0.08246	0.268594553
空间形态	丰富度	0.08012	0.348717123
自然及农业、渔业景观环境	完整度	0.07996	0.428681191

（续表）

二级指标	三级指标	方差贡献率	累计贡献率
历史片区	艺术美学价值	0.07996	0.508645259
聚落选址	历史价值	0.07673	0.58537056
空间形态	关联度	0.07265	0.658018997
建（构）筑物遗产	构筑物丰富度	0.06814	0.726161826
聚落选址	久远度	0.06606	0.792224908
历史片区	规模	0.05037	0.842597536
历史片区	完整性	0.04725	0.889851249
建（构）筑物遗产	活态性	0.04274	0.932593842
自然及农业、渔业景观环境	丰富度	0.04123	0.973825615
建（构）筑物遗产	文保单位最高级别	0.02617	1

表格来源：作者根据方差贡献率筛选方式所得。

（5）方差贡献率加权并百分化

方差贡献率加权是指评估样本的三级指标每项得分与该指标方差贡献率相乘之后再进行加和，相当于各指标的得分又进行了一次基于指标参考价值的加权。求和获得的分数再进行百分化，可得到更为科学、分散的样本聚落遗产价值最终分数。聚落遗产价值（S_n）的具体计算方式为：

$$S_n = \frac{20\sum_{i=1}^{n} X_{Mn}C_i}{\sum_{i=1}^{m} C_i}$$

依据以上方法，对15个聚落样本三级指标加权得到其总分，并进行排名，可得到其价值评估结果（表6-6）。

表6-6 白洋淀地区15个聚落样本遗产价值评估结果

排名	乡镇	村名	评价得分（S_n）
1	端村镇	关城村	87.5
2	安新镇	王家寨村	85.5
3	圈头乡	圈头村	84.3
4	端村镇	端村	83.6
5	安新镇	郭里口村	83.1
6	端村镇	马堡村	77.4

（续表）

排名	乡镇	村名	评价得分（S_n）
7	端村镇	马家寨村	74.3
8	圈头乡	邵庄子村	63.6
9	七间房乡	西大坞村	50.6
10	端村镇	马村	48.9
11	端村镇	边村	43.0
12	大王镇	北六村	32.1
13	雄州镇	杨西楼村	31.5
14	安州镇	七级村	27.9
15	安州镇	九级村	25.5

表格来源：作者根据白洋淀地区聚落遗产价值评估方法计算所得。

3. 评估意义分析

本研究对白洋淀地区聚落遗产价值进行评估的意义包括以下两个方面。

一是对白洋淀地区聚落的遗产价值进行评分，并根据分值范围划分聚落遗产的保护等级。以选取的 15 个聚落样本为例，根据其遗产价值评估结果，5 个聚落为一组，可划分为三个得分范围，由此确定重点保护、一般保护、改造提升三个保护等级。通过以上方式得出 15 个聚落样本的保护等级（见表 6-7）。

二是通过价值评估，除得到价值总分外，还可根据聚落周边环境、聚落选址与空间形态及物质遗产的各二级指标分项得分，总结聚落遗产的优势与劣势，从而为后续有针对性地制定聚落保护措施提供数据支撑，提升保护策略的科学性和实用性。本项目采用雷达分析图的方式，将聚落的 5 个二级指标得分置于同一坐标系中，连线形成完整的雷达价值分析图。图中端点距离中心越远，则说明该遗产类型的价值越突出（图 6-9）。因此，雷达价值分析图可以反映同一聚落在不同方面表现的价值优劣，也可以反映不同聚落在同一方面表现的价值差异。通过聚落遗产的雷达分析图，可以明确聚落遗产价值的相对优势与劣势，对有效地制定聚落遗产保护措施具有指导意义。

表6-7 白洋淀地区15个聚落样本遗产价值得分与保护等级

聚落遗产保护等级	聚落遗产价值评估得分	聚落名称
重点保护	前1/3（87.5~83.1）	关城村、王家寨村、圈头村、端村、郭里口村
一般保护	中1/3（83.0~48.9）	马堡村、马家寨村、邵庄子村、西大坞村、马村
改造提升	后1/3（48.8~25.5）	边村、北六村、杨西楼村、七级村、九级村

表格来源：作者根据15个聚落样本评估结果总结整理。

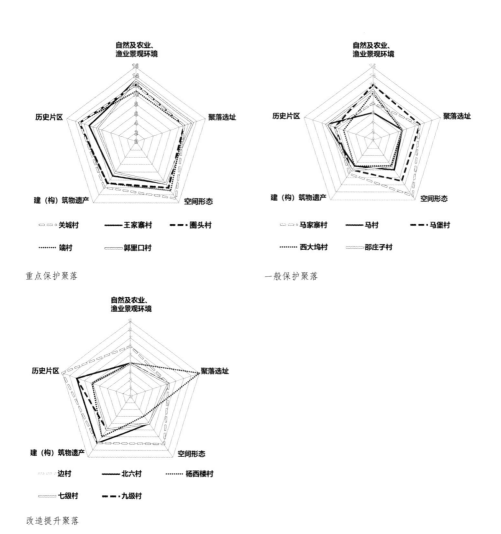

图6-9 白洋淀地区15个聚落样本遗产价值雷达分析图

7

白洋淀聚落遗产保护策略

上一章根据白洋淀地区聚落空间分布和空间形态的研究，从聚落周边环境、聚落选址与空间形态及物质遗产三方面提炼出 15 个细化的价值评估指标，构成白洋淀聚落遗产价值评估体系。本章以白洋淀地区聚落遗产的价值评估结果为依据，结合前文对聚落形态类型和遗产构成要素的全面研究，从区域层面、聚落层面和单体层面提出白洋淀聚落遗产的系统性保护策略。

7.1 区域层面保护策略：类型体系、遗产廊道与生态环境

1. 梳理聚落遗产类型，整体保护聚落遗产

基于第五章对于白洋淀地区聚落遗产构成要素的分类（见表 5-1），白洋淀聚落遗产有自然环境与产业景观，居住遗址、古建筑与传统聚落，水利、航运及行宫遗址以及其他构成要素四大类型，以及水体与渔业景观、苇业与苇田景观、其他产业与景观、居住遗址、古建筑、传统聚落、水利设施、航运体系及行宫遗址、军事建筑、军事遗址、古墓葬、革命文物等十二小类共 334 处遗产和 27 个传统聚落。因此，应当基于全类型聚落遗产构成要素进行遗产体系的构建与遗产价值的评估来系统地构建白洋淀聚落遗产保护体系。

针对各类遗产要素，评估遗产价值，编制保护清单，遴选出每一类型中的代表性遗产点，以遗产类型为纲形成白洋淀文化遗产整体性的保护、利用和阐释展示体系（图 7-1）。

2. 保护水文化景观遗产，构建区域遗产廊道

在漫长的历史发展过程中，白洋淀地区以其独特的水环境为自然景观基础，在水利营建、军事活动、移民屯垦等多重历史因素影响下形成了极具地域文化特色的淀泊聚落遗产。在长时段的人水互动之下，台田、堤埝、沟渠等人工要素完美地融入淀泊聚落遗产与水环境中，共同构成了特征鲜明的白洋淀水文化景观。从文化景

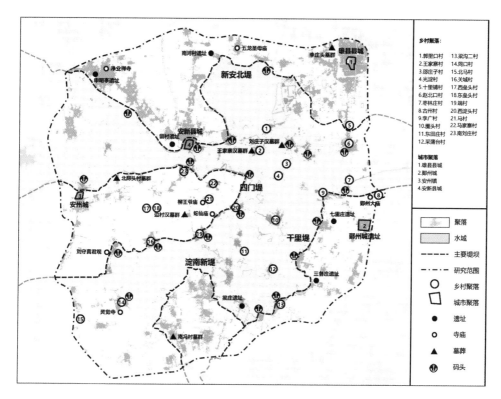

图 7-1　白洋淀地区聚落遗产分布图

观的视角来看，白洋淀区域在不同时期形成的社会、文化现象都是该地区文化景观的重要组成部分，如前文提到的白洋淀地区特色的水洪防御体系、苇田景观等。白洋淀聚落和水体关系是水文化景观的重要保护内容，应延续聚落与水体的空间关系，传承水文化景观中的传统生态智慧与生计方式。

保护聚落遗产体系的完整性，应从区域层面上重点关注遗产在空间层面的内在关联。因此，笔者提出在历史地理骨架基础上构建区域遗产廊道，形成以航线、堤坝为骨架，串联各聚落节点的遗产廊道空间格局（图 7-2），具体的保护策略主要包括两个方面。

（1）构建航线遗产廊道，保护水域文化遗产

白洋淀在宋代已有舟楫通行，雍正时期"疏浚深广，并多开引河，使淀淀相通"的治水策略和乾隆时期引唐入府、提升水位的措施，使得白洋淀中 30 个水村聚落和

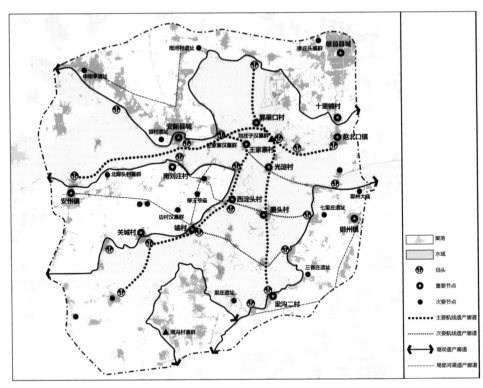

图 7-2 白洋淀地区聚落区域遗产廊道构建图

36个堤埝聚落彼此连接为兼有渔苇生产和商品交换功能的航运村镇网络。可以说，航线是使白洋淀地区聚落遗产形成空间联系的重要载体，串联了水村聚落、堤埝聚落大部分码头、水利设施、传统村落等遗产类型，由此形成的航线遗产廊道是白洋淀区域层面的重要遗产。

分析可得白洋淀地区共形成"三主、三次"6条航线遗产廊道。其中，主要航线遗产廊道分别为串联北际头村、南刘庄村、王家寨村、郭里口村、刘庄子村、赵北口镇的东西向航线，串联郭里口村、刘庄子村、光淀村、圈头村、采蒲台村的南北向航线和串联王家寨村、寨南村、西淀头村、端村、关城村的西南-东北向航线。次要航线遗产廊道为3条东西向廊道：其一串联王家寨村、光淀村、李广村；其二串联西淀头村、圈头村；其三串联端村、采蒲台村。

对此类航线遗产应以生态化保护为原则，采取严格的保护策略，一方面清理河道淤泥，疏浚河道，为航线奠定安全的环境基础；另一方面保护河流航线的生态环境，划定保护范围，禁止两岸污染物的排放和垃圾堆放，增强绿化，营造良好生态景观。

（2）构建堤坝遗产廊道，保护聚落水利遗产

聚落与堤坝历史上便存在共生关系，一方面，堤埝等水利设施形成的高地为聚落防洪提供了有利条件，另一方面，这些聚落承担着管理、维护水利设施的职能。据《新安县志》记载，清康熙九年（1670年），县境各堤责成各村分段管理，永久为业，每年修护，这些村庄与堤坝形成了正式的共生关系。可以说，堤坝是白洋淀地区地理环境的重要结构性要素，沿线串联了一系列古城、传统村落、水利设施、码头建筑等，由此形成白洋淀堤坝遗产廊道。

分析可得白洋淀地区共形成4条堤坝遗产廊道。它们分别为串联留村、安新县城、南河村、十里铺村的新安北堤遗产廊道，串联安州镇、北际头村、南刘庄村、西淀头村、端村、关城村的四门堤遗产廊道，串联南冯村、梁庄的淀南新堤遗产廊道和串联李广村、七里庄村、梁沟二村的千里堤遗产廊道。

对此类堤坝遗产，一方面应当将绿色基础设施营建与传统水利设施维护相结合，维修传统堤坝，活化利用传统水利设施，延续传统堤坝功能，借鉴传统水利营建智慧；另一方面，保护堤坝沿线聚落遗产，可营造滨水步行空间，串联古城墙、护城河、堤埝道路、沿河公共建筑等堤坝沿线公共空间节点，形成人性化、生态化的廊道空间。

3. 修复聚落生态环境，保护洼淀生产景观

从白洋淀地区区域层面的遗产保护来看，水体、河道等聚落生态环境与农田、苇田、鱼塘等洼淀生产景观是白洋淀地区聚落形成和发展的重要生态载体。因此，为保护白洋淀地区聚落遗产，首先要对聚落周边的生态环境格局进行保护，以提供聚落可持续发展的环境本底，其次要对聚落周边的生产景观斑块进行保护，以延续白洋淀地区聚落传统的生产生活方式。

水体是白洋淀地区聚落赖以生存的环境载体，是村民生产活动的重要场所，也是聚落形成与演变的重要因素。因此，保护水体环境，保证其水网格局的完整性是极为重要的。为此，提出如下建议。

第一，应通过人工治理恢复湿地水体面积，开展生态引水工程并优化水利设施，

保障白洋淀生态用水。

第二，疏通河道，清理淤泥，设置一定范围的控制地带，合理规划河道两岸的生产生活活动。

第三，结合防洪治理策略设置生态驳岸，保证聚落生态安全的同时提升滨水景观，恢复湿地生境。

第四，通过实地踏勘、历史文献等对历史渠系进行研究、保护和展示，延续其历史记忆。

此外，白洋淀地区聚落周边的生产景观主要包括农田、苇田、水田、鱼塘等，具有景观观赏价值和历史文化价值。对其生产用地斑块予以保护，可以体现聚落的生产特征，并保留具有人文记忆的土地利用空间肌理。

7.2 聚落层面保护策略：环境与格局

本小节将结合第6章构建的聚落遗产价值评估体系及其最终得分对不同聚落的突出特色与薄弱部分进行分析，并基于前述的研究成果从聚落环境与格局两个方面来探讨白洋淀地区聚落层面的遗产保护策略。

1. 聚落价值特征评估

结合前文白洋淀地区15个聚落样本遗产价值评估结果（表6-6），笔者选取关城村、圈头村、马家寨村三个聚落作为聚落层面遗产保护的典型案例进行保护策略的讨论。因为三个聚落分别为堤埝聚落、水村聚落和陆村聚落，所以可为其他同类型聚落的保护策略提供参照。相对其他同类型聚落而言，三个聚落的遗产数量多、类型丰富、环境特色鲜明，因此其保护策略具有典型性和普遍性。

根据遗产价值保护等级评估结果（表6-7）可知：关城村、圈头村为重点保护型聚落，强调对聚落遗产的整体性保护；马家寨村为一般保护型聚落，可保护与更新相结合。此外，可以聚落遗产的自然及农业、渔业景观环境，聚落选址，空间形态，历史片区及建（构）筑物遗产等二级指标的得分为依据，通过遗产价值雷达分析研判马家寨村、关城村和圈头村三个聚落的突出价值特征，得出相应保护策略（图7-3）。

关城村建（构）筑物遗产价值最为突出，同时聚落空间格局保存较好，街巷体系基本完整，空间形态价值较高。因此，关城村应当加强聚落形态、历史片区和建筑遗产的整体保护。

圈头村自然及农业、渔业景观环境价值最为突出，并拥有价值较高、较为集中的历史片区，但是，其空间形态相对而言价值较低，现状空间格局难以体现与聚落周边环境的密切联系，街巷体系不够完整。因此，圈头村除严格保护其周边环境、历史建筑及片区外，还应注重街巷体系、空间格局的规划控制，以修复传统空间形态。

马家寨村相较于其他两个聚落，除在空间形态上具有较为突出的价值外，其余类型的遗产现状保存状况较差，难以体现其传统价值。因此，马家寨村应制定保护策略延续其空间形态，同时对历史片区实施风貌整治提升，适当恢复传统风貌，并且加强周边环境的保护，营造自然与聚落共生的空间环境。

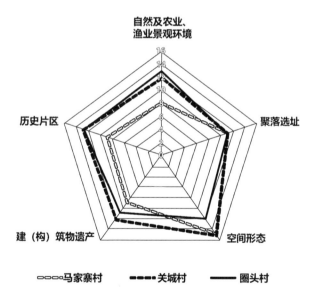

图7-3 关城村、圈头村、马家寨村聚落遗产价值雷达分析图

2. 聚落景观环境营造

（1）水村聚落的环境营造

水村聚落处于淀泊环境当中，常年四面临水，多呈现岛屿形态，此类聚落的环境保护应突出对水环境的利用与整合。具体策略包括提升聚落外部的淀泊环境，营造聚落内部观赏性水景观以及通过构建慢行系统串联聚落外部淀泊空间与聚落内部的生态节点、公共空间、水运设施等，形成水、村融合的景观环境系统。

（2）堤埝聚落的环境营造

堤埝聚落处于水陆过渡区，大多依靠水利设施建立。堤埝与闸、渠、扬水机站等水利设施共同形成了白洋淀地区的水利设施体系，并随着历史的发展与聚落共同发展。可以说白洋淀地区的水利设施及其环境是堤埝聚落最具特色的空间基底，因此此类聚落的环境保护应突出对水利环境的整体性营造。可从文化景观视角出发系统梳理、整合和保护闸渠坝堰与聚落共生的景观结构，重视水利环境的整体性保护和水利节点的特色化景观营造。

（3）陆村聚落的环境营造

陆村聚落处于白洋淀外陆地之上，周边环境多为农田和鱼塘景观。此类聚落的环境营造应注重对公共空间中生产文化氛围的营造。具体策略包括在聚落空间中增加休憩设施、体育活动设施或游园漫道，将镰刀、渔网等生产工具及本土化农作物作为景观元素植入如村民广场、房前树下、转角空间、街巷交叉口等节点中，增加空间的文化性和地方性。

3. 聚落格局保护

基于第4章对于白洋淀城乡聚落格局的描述，接下来将从城市聚落格局保护、乡村聚落格局保护两个方面来论述白洋淀地区聚落格局的保护策略。

（1）城市聚落格局保护

白洋淀地区有新安、雄县、任丘、容城等历史城市聚落，历史上曾拥有完整的城墙、街巷、水系及丰富的水神庙宇和滨水开放空间。基于前述第4章的分析，此类聚落格局的保护要点包括抵御洪水的双重城墙（及堤坝）模式、顺应地形变化的不规则城池轮廓、城内池沼湖面和穿城水系、连通城内外水系的水关闸渠，以及独具特色的水神寺庙与滨水空间。

（2）乡村聚落格局保护

基于第4章的分析，乡村聚落主要分为陆村聚落、堤埝聚落与水村聚落三种类型，此类聚落应注重对水环境格局、街巷格局以及聚落平面肌理的整体保护，提升白洋淀地区乡村地域特色。为此，提出如下建议。

第一，应整体性保护乡村聚落的"水‐堤‐闸‐渠‐村‐田"体系，重点保护与提升乡村聚落的水环境格局特色。

第二，通过控制街巷的走势、宽度和界面等要素，维持聚落的肌理格局与空间形态，遵循聚落街巷的原有走向与空间结构，突出聚落的街巷格局特色。

第三，基于聚落平面街廓尺寸研究，充分尊重以"段"为基本细胞的空间模数，整体保护聚落的平面肌理特色，保护传统街巷界面，包括延续建筑立面面宽、檐口高度及屋檐、窗洞等建筑细节，严格控制两侧建筑的体量、高度与风貌。

7.3 单体层面保护策略：民居建筑

白洋淀地区研究范围内共有文物保护单位63处，其中2处为全国重点文物保护单位，约占总数的3.17%，5处为省级文物保护单位，约占总数的7.94%，其余文保单位均为县级文物保护单位，约占总数的88.89%，文保单位等级整体偏低，保护现状欠佳。此外有大量未被列入文保单位的建（构）筑物遗产，如民居建筑、排灌设施与码头等，它们也应被纳入保护范围。

民居建筑是白洋淀地区传统聚落的基本构成要素，数量多，分布广，很大程度上体现了地域特色。因此在单体层面的遗产保护中主要针对民居建筑提出保护策略。

1. 平面布局的保护与传承

由于白洋淀区域地势低洼，适合建设的土地面积小，民居建筑常呈现用地面积小、布局紧凑的特征。白洋淀地区民居建筑以一进式合院为主，其中正房为主要居住用房，厢房和倒座多作为厨房、待客厅、储藏室等附属功能用房，灵位、神堂多设于正房或东厢房。水村较堤埝村用地更加紧张，人均居住面积进一步缩小，如圈头村等村庄内少见形制完整的四合院，合院以二合、三合为主，即一正房一厢房、一正房一倒座或一正房两厢房、一正房一厢房一倒座，同时也存在部分"一"字形院落或平房加门前少量空地的无院单栋民居（图7-4）。遵循聚落土地演化的逻辑，白洋淀地区传统民居总面宽常为10~15 m，呈现出小尺寸、小面积的特点。民居正房、倒座常以三开间为主，单间进深与开间一般均小于4 m；厢房以一开间为主，进深与正房无异，开间或略长于正房可达4~6 m，偶有双开间者则多采用和正房相同的单间尺寸。

在白洋淀地区民居建筑的保护与更新过程中，应延续白洋淀民居的平面布局模式，基于白洋淀民居建筑空间格局的不同类型，逐步织补聚落空间，提升聚落院落群的完整性。

2. 建筑形制与材料的延续

白洋淀地区民居建筑以平屋顶为主，这是在洼淀地区土地资源有限的条件下形成的具有洪水适应性的营造策略。《安新县文史资料（第四辑）》记载："汛期波涛汹涌，淹没农田村舍，村里往往大水吞门，小船可以穿街过巷。灾民只得举家船居，或上房顶插铺作屋、垒灶为炊。由于胡同狭窄，居民以木板、棍棒搭'桥'相通，

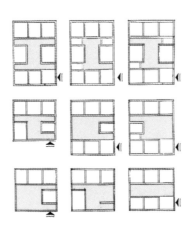

图7-4 白洋淀民居建筑空间组合形式

有事可以穿房越脊彼此聚议……居民养成了上房聚餐、露宿的习惯。"[1] 由此可见，白洋淀民居常受涝灾侵扰，屋顶成为人们躲避洪涝灾害和晾晒粮食时必不可少的第二平面。

白洋淀地区的屋面做法有两个突出特征。其一，因地制宜地使用当地材料。屋面以梁、檩、椽作骨架，上铺苇箔、苇苫，然后上土，最后抹掺白灰的麦糠泥以确保屋顶的防雨性能。其二，普遍使用弯梁与瓜柱组合形成微坡的屋顶平面（图 7-5），以此来兼顾淀区屋面排水和上人需求。这种弯梁被当地人称为"柁"，结合瓜柱使得屋面形成 5%~10% 的排水坡度，同时不影响居民在屋面的日常活动[2]。

由于白洋淀地区夏季气候潮湿的特点，屋顶空间常被用作农作物晾晒的场地，雨洪来临时亦可作为日常起居空间的延伸。白洋淀地区的建筑屋顶特别容易受到雨水侵蚀，形成相关的建筑病害，因此在修缮过程中应使用当地材料，延续当地建筑营造技艺，以延续和传承传统民居第五立面的特色。

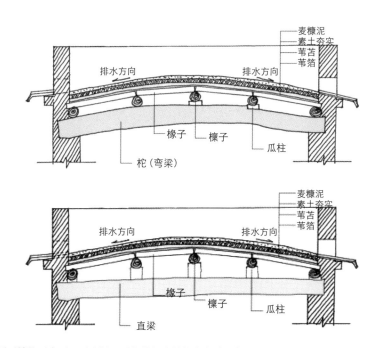

图 7-5　屋面结构示意图，以弯梁、瓜柱的组合结构为主（上），直梁、瓜柱的组合形式较为少见（下）

除屋顶的形制外，在第6章关于白洋淀民居建筑的立面形制还提及"前明子""闷葫芦罐儿"等多种类型与女儿墙、墀头等外部装饰。在外部装饰的修缮中，应保留原有女儿墙、墀头、屋檐等处建筑装饰并在其发生损坏情况时进行修补。在建筑的屋顶和立面的修缮中，应当针对不同的建筑立面类型进行保护与修缮。例如"前明子"型建筑，要注意结构中关键木构件如柱、柁、檩等处是否出现病害、歪闪等情况；"闷葫芦罐儿"型建筑砖墙若出现倾斜、空鼓、酥碱、鼓胀、裂缝情况，要及时进行修缮，找出造成墙体损坏的因素并改善。在建筑材料方面，民居建筑维修中应当使用青砖、苇席等原材料，同时适当使用新材料新技术解决建筑防水、保温等问题。

展望

建设雄安新区作为"千年大计、国家大事",对区域内自然生态环境和历史文化保护都提出了明确的要求。白洋淀作为华北地区面积最大的淡水资源,是雄安新区生态环境保护的重中之重,白洋淀地区的聚落遗产研究也被提升至国家工程的高度。在雄安新区的建设过程中,自然洼淀景观资源的有效利用、聚落功能的可持续发展、文化资源的有效整合、生态环境的改善都是亟须解决的现实问题。

本书着眼于雄安新区建设的重大政策需求与白洋淀地区特色突出的洼淀景观和聚落遗产,从白洋淀地区水环境的历史变迁出发,探究白洋淀地区聚落演变过程与人水互动机制,然后从宏观(区域性聚落空间分布)、中观(单个聚落空间形态)与微观(聚落建筑类型)层面研究聚落分布与空间形态特征及其影响因素,并通过梳理白洋淀聚落遗产构成要素,构建聚落遗产价值评估体系,最后基于价值评估结果,提出白洋淀聚落遗产的系统性保护策略。此外,笔者认为,对雄安新区的遗产保护和可持续发展,有三个方面可以重点思考和延伸,它们分别是传统营建智慧与营造技艺的传承、蓝绿空间的系统性营造及遗产网络的整体性构建。

8.1 传统营建智慧与营造技艺的传承

不同区域的传统民居建筑在选址、布局、结构和细部等方面有较大差异,并表现出相应的气候适应性。已有的传统民居建筑气候适应性研究涉及广泛的地理区域,例如岭南[1]、江南[2]、新疆[3]、西藏[4]等地区。一直以来,学术界对北方洼淀地区传统民居建筑的气候适应性研究未给予足够重视。传统民居建筑对气候的适应性具有多种维度,相关学者对日照时间、通风、防风、防涝、排湿、排水、保温、散热、节能等气候适应维度[5]进行了整体的梳理,但对于建筑的雨洪适应性这一专门领域,尚缺乏深入而系统的研究。北方洼淀地区传统建筑在历史上经常遭受雨洪侵袭,是建筑雨洪适应性研究的典型对象。此外,在设立雄安新区的背景下,白洋淀建筑气候适应性研究,可能为白洋淀建筑遗产保护和新区建筑营造提供有益的启发与借鉴。

洼淀区域有三个方面的气候与水文特征。第一,降水分布极不均匀,年内80%的雨量多以暴雨形式集中在六到八月的汛期内,年际差异也很大,多雨年和少雨年最大相差6.4倍[6]。第二，由于地处太行山以东冲积平原上的低洼地带，汇水面积巨大，历史上洪涝灾害频发。第三，明代以来，太行山植被破坏导致洼淀上游河流泥沙量急剧增加，河流淤塞、库容减少进一步降低了洼淀的雨洪调蓄能力，增加了洪涝灾害和建筑营造的复杂性[7]。

突出的雨洪问题，造就了洼淀区域建筑的气候适应性特征。作为华北平原最大的淡水湖湿地、河北最大的淡水湖，白洋淀素有"北国江南""华北明珠"之誉，是洼淀地理类型中的典型区域。白洋淀民居建筑的营造是复杂的人水互动过程的缩影，其中充满了因地制宜、物尽其用的地方生态智慧。前文曾以白洋淀传统民居建筑为例，深入讨论洼淀区域的民居建筑特征。前文中的洼淀区域传统民居建筑，是指广泛分布于洼淀所在区域，且在形制、结构、工艺、材料等方面具备传统特征的民居建筑。根据笔者的调研，目前尚存的白洋淀传统民居建筑主要营造于清末民国时期到20世纪五六十年代。

中国幅员辽阔，不同地理及气候条件下的传统民居有其鲜明的特色。以白洋淀为代表的北方洼淀地区传统民居具有突出的雨洪适应性特征，并形成了从建筑选址、院落规模到平面布局、立面样式、墙体及屋面做法的雨洪适应性营建体系。白洋淀地区传统民居是人水互动过程在建筑上的物质见证，具有重要的历史价值、文化价值和社会价值，雨洪适应性逻辑可以为白洋淀地区建筑遗产的价值评估提供一种可能的分析思路，由此形成系统性、类型化的遗产保护策略。

雄安新区建设背景下，继承传统营建智慧、传承地方营造技艺，应当是白洋淀地区建筑营造的题中之义。民居建筑的选址和规模特征，体现了因地制宜的传统人居智慧。传统建筑中紧凑的平面布局和上人屋面的设计见证了有限建设用地条件下的紧凑式开发模式。建筑的墙体结构、屋面结构和排水细节反映了物尽其用的材料利用策略。对这些传统智慧的挖掘可以传承白洋淀建筑的文化基因，丰富雄安新区建筑营造的文化内涵。

8.2 蓝绿空间的系统性营造

前文曾对洼地单元和水区单元两类地理空间的结构形态进行了考察，同时对洼淀景观形态进行不同尺度的研究，讨论了防洪、灌溉、航运、水产等聚落景观形成的内在功能与文化逻辑。研究表明，北方洼淀聚落有着独特的功能价值和文化意义，由此形成的景观和聚落遗产，成为这种日常生活与生产价值的物质载体。本研究以白洋淀为例，揭示了北方洼淀聚落的特殊性，但北方不同区域的洼淀景观比较研究仍亟待开展。从自然与文化系统的视角理解京畿地区洼淀空间系统及其区域功能，可以为京津冀地区聚落功能的可持续发展、文化资源的有效整合、生态环境的改善提供一个新的视角和切入点。

在国务院对《河北雄安新区总体规划（2018—2035年）》的批复中，强调"将雄安新区蓝绿空间占比稳定在70%……将淀水林田草作为一个生命共同体"，并提出"塑造新区风貌特色""要强化分区引导，打造蓝绿交织……城淀相映的总体景观风貌……合理保护和利用雄安新区历史文化遗产"。但建设什么样的蓝绿空间、如何将蓝绿空间中的生态与文化意义保存和延续、将历史功能纳入蓝绿空间并发挥活态作用仍是具有挑战性的课题。

在北方洼淀区域，特别是雄安新区白洋淀区域进行规划建设，要特别注意处理洼淀聚落与当代自然生态、景观体系和城市空间的关系，充分吸取其历史功能逻辑和水适应智慧。在城市规划中，应当重视历史堤埝的防洪作用，充分保护和利用具有2000多年历史的堤防系统，并吸取其中的水管理智慧和历史经验。在半水区景观营造中，要以系统性的景观视野，重视农业和水利景观的整体性保护和特色景观营造，系统梳理、整合和保护闸、渠、田、村共生的景观结构。对于白洋淀水区，要整合生态保护、景观营造、遗产保护的相关内容，保护历史码头，疏通淀内航线，营造水村特色风貌，保护渔苇传统技艺。在淀区的城市设计中，要充分尊重以"段"为基本细胞的空间模数，延续水村聚落肌理，借鉴传统的土地改造模式，形成具有地方智慧的规划建设范式。

洼淀聚落景观的研究可以引发两个需要进一步探索的问题。第一，当代国土开发应当充分尊重当地居民的生产生活方式，并积极开展在地自然与文化遗产的保护利用。从系统的文化遗产保护观念出发，可以形成多层次的遗产保护与利用策略，这些策略包括农业与水利景观的空间布局、土地利用的模式与尺度、历史性的功能网络等不同层次。第二，在"美丽中国"建设背景下，城市建设应当将生态文明建设放在首位，可以充分利用水体等生态系统整合景观营造、生态修复、城市设计等相关方面。传统水体景观的多功能属性和地方文化特征，可以激励我们形成根植于当地的城镇形态设计手法，并积极探索基于当地生态和文化条件的可持续设计方式。

8.3 遗产网络的整体性构建

康熙、乾隆时期水利疏浚和行营体系建设，对白洋淀的城乡聚落环境有三个方面的影响。第一，治水使得区域水利安全水平大大提升，为聚落环境的提升奠定了基础。第二，营田活动带来的粮食增产使得当地人口增加，人口和建设密度日益增大。第三，航运体系的建设，带来了商品经济的繁荣，使得一系列水运市镇迅速发展壮大。在这些因素的共同影响下，形成了两个特色鲜明的城乡聚落网络。《御制鄚州水淀记》中的"虽无山林台阁之趣，水村林薮有淳厚之俗"，就是对白洋淀水环境与聚落密切结合的生动写照。

其一是堤埝型聚落网络。这组村镇与区域性的水利设施（堤埝、闸门、渠道）形成了形态和功能双重意义上的共生体。一方面，堤埝等水利设施形成的高地为聚落防洪提供了有利条件，以四门堤为例，在从沈家坯经寨南到韩村的 62 km 长堤上，分布着 24 处村落。另一方面，这些聚落承担着管理、维护水利设施的职能。据《新安县志》记载，清康熙九年（1670 年），县境各堤责成各村分段管理，永久为业，每年修护，这些村庄与堤坝形成了正式的共生关系。此外，白洋淀地区原有的新安、安州、雄县、任丘、鄚州等五座城池得以修缮，与堤坝体系连接为整体，其城市防洪能力进一步提升。例如，安州城居于 120 里的安州大堤之上，新安城垣与新安北堤相连接，雄县城墙与白沟堤相联系，任丘县城、鄚州城与千里堤遥相呼应。

其二是航线型村镇网络。白洋淀在宋代已有舟楫通行，雍正时期"疏浚深广，并多开引河,使淀淀相通"的治水策略和乾隆时期引唐入府、提升水位的措施,使得白洋淀中30个水村聚落和36个堤埝聚落彼此连接为兼有渔苇生产和商品交换功能的航运村镇网络。此区域存在两类水运航道,相应地形成两类滨水村镇,分别以商业交换和渔苇生产为主要功能。第一类为位于远途通航的区域性航线旁的商业市镇。其主要航道有16条,东西方向以府河、大清河为主,南北方向以潴龙河为主,北抵北京房山,西达保定刘守庙,东至天津卫,南达安国伍仁桥。航线上形成市井繁华、商贾云集的商业市镇,其中比较大型的市镇有赵北口镇、端村镇、同口镇、申明亭镇,小型市镇则有寨里、大王、刘李庄等[注①]。第二类是地方性的通航渠道旁的渔苇水村网络,这些村落以捕鱼、芦苇种植、芦苇编织为主要经济来源,兼有农业和造船等产业。

　　历史上白洋淀地区的水利规划与营建催生了水环境与聚落高度耦合的城乡聚落网络。明清时期水利营建为今天的白洋淀留下了类型众多、内涵丰富的水文化遗产,包括堤坝、运河、闸口等水利工程设施,渔业水域、苇田、灌溉农田等生产性水要素,以及各种类型的水相关聚落等。应当从系统的文化遗产保护观念出发,重视白洋淀地区"水遗产"的系统性保护和活化利用,在整体性构建白洋淀地区的堤埝型聚落与航线型村镇两个城乡聚落网络的基础上,积极探索整合白洋淀地区水利营建与村镇人居环境建设的特色发展模式。

注① 来自《河北省安新县地方实际情况调查报告》(民国时期)。

参考文献

1 绪论

[1]刘统，刘炳.任邱县志[M].影印本.台北：成文出版社有限公司，2007.

[2]常建华.京师周围：康熙帝巡幸畿甸初探[J].社会科学，2014(12): 143-158.

[3]夏成钢.雄安地区清代皇家水猎风景地的建设[J].中国园林，2018，34(8): 113-120.

[4]HERZFELD M. The body impolitic: artisans and artifice in the global hierarchy of value [M]. Chicago: The University of Chicago Press, 2003.

[5]班固.汉书[M].北京：中华书局，2007.

[6]梅休.牛津地理学词典[M].上海：上海外语教育出版社，2001.

[7]DARVILL T. Concise Oxford dictionary of archaeology[M]. Oxford: Oxford University Press, 2008.

[8]王金平，杜林霄.碛口古镇聚落与民居形态初探[J].太原理工大学学报，2007，38(2): 160-164.

[9]李久林，储金龙，叶家珉，等.古徽州传统村落空间演化特征及驱动机制[J].经济地理，2018，38(12): 153-165.

[10]赵斌，张建华，张宣峰."泉水聚落"水系统构成分析研究[J].山东建筑大学学报，2016，31(5): 435-445，451.

[11]田虎，雷振东.土族传统庄廓大门的当代建构研究[J].建筑学报，2016(2): 84-88.

[12]李晓峰，徐俊辉.并立与分化——明清时期汉水流域复式城市的形成、类型与启示[J].新建筑，2013(4): 128-131.

[13]江嫚，何韶瑶，周跃云，等.细胞视角下的村落有机体空间肌理结构解析——以福建龙岩培田村和湖南怀化皇都侗寨为例[J].地域研究与开发，2020，39(3): 168-173.

[14]王一丁，吴晓红.拉萨老城区宗教聚落空间形态探析[J].西藏研究，2014(2): 82-99.

[15]PENDLEBURY J. The conservation of historic areas in the UK: a case study of "Grainger Town", Newcastle upon Tyne[J]. Cities, 1999, 16(6): 423-433.

[16]SALEH M A E. The decline vs the rise of architectural and urban forms in the vernacular villages of southwest Saudi Arabia[J]. Building and Environment, 2001,36(1): 89-107.

[17]DORATLI N, HOSKARA S O, FASLI M. An analytical methodology for revitalization strategies in historic urban quarters: a case study of the Walled City of Nicosia, North Cyprus[J]. Cities, 2004, 21(4): 329-348.

[18]王鲁民. 中国古代"聚合型"都城的演变与退隐[J]. 城市规划学刊, 2015(4): 91-98.

[19]陈晨, 杨贵庆, 徐浩文, 等. 地方产业驱动乡村发展的机制解析及规划策略——以浙江省三个典型乡村地区为例[J]. 规划师, 2021, 37(2): 21-27.

[20]杨培峰, 龙香. 易地扶贫搬迁社区的空间特征与规划对策[J]. 规划师, 2020, 36(2): 34-40.

[21]UNESCO World Heritage Center. Operational Guidelines for the Implementation of the World Heritage Convention[EB/OL].2021-07-31.

[22]ANKER M L. Cultural Heritage Protection and Administration in Norway[M]. 2007.

[23]王景慧, 阮仪三, 王林. 历史文化名城保护理论与规划[M]. 上海: 同济大学出版社, 1999.

[24] 常青. 略论传统聚落的风土保护与再生[J]. 建筑师, 2005(3): 87-90.

[25]王绚, 侯鑫. 黄河中游山陕地区传统堡寨聚落群系构成研究[J]. 建筑与文化, 2016 (5): 84-86.

[26]张玉坤, 范熙晅, 李严. 明代北边战事与长城军事聚落修筑[J]. 天津大学学报(社会科学版), 2016, 18(2): 135-139.

[27]谭立峰, 刘文斌. 明代辽东海防体系建制与军事聚落特征研究[J]. 天津大学学报（社会科学版）, 2014, 16(5): 421-426.

[28]郭璇. 基于地域的抗战遗产保护与利用——以陪都重庆为例[J]. 西部人居环境学刊, 2013(4): 24-31.

[29]常青. 传统聚落古今观——纪念中国营造学社成立九十周年[J]. 建筑学报, 2019(12): 14-19.

[30]郑连第. 古代城市水利[M]. 北京: 水利水电出版社, 1985.

[31]吴庆洲. 中国古代城市防洪研究[M]. 北京: 中国建筑工业出版社, 1995.

[32]董鉴泓. 中国城市建设史[M]. 3版. 北京: 中国建筑工业出版社, 2004.

[33]俞孔坚, 张蕾. 黄泛平原古城镇洪涝经验及其适应性景观[J].城市规划学刊, 2007(5): 85-91.

[34]郭巍, 侯晓蕾. 筑塘、围垦和定居——萧绍圩区圩田景观分析[J]. 中国园林, 2016(7): 41-48.

[35]WANG J L, GAO M X, GUO H H, et al. Spatiotemporal distribution and historical evolution of polders in the Dongting Lake area, China[J]. Journal of Geographical Sciences, 2016, 26: 1561-1578.

[36]王志芳, 朱刚露. 城镇化过程中陂塘景观系统的特征演变与成因分析[J]. 北京大学学报(自然科学版), 2017, 53(4): 701-709.

[37]郑文升, 姜玉培, 罗静, 等.平原水乡乡村聚落空间分布规律与格局优化——以湖北公安县为例[J]. 经济地理. 2014, 34(11): 120-127.

[38]张建华. 农耕时代济南泉城聚落环境景观的溯考与思索——有感于济南泉水申遗走入国家程序之时[J]. 城市规划, 2011(3): 89-93.

[39]王玏, 魏雷, 赵鸣. 北京河道景观历史演变研究[J]. 中国园林, 2012(10): 57-60.

[40]吴俊范. 海塘庇护与海疆地区的聚落兴起：以今上海浦东为例[J]. 国家航海, 2016(2): 90-104.

[41]赵淑红, 王昕, 仲利强. 交通与节点：浙东传统海洋商贸聚落溯源及其保存现状思考[J]. 建筑与文化, 2016(12): 185-187.

[42]谭其骧. 黄河史论丛[M]. 上海: 复旦大学出版社, 1986: 1-16.

[43]贺鼎, 陈玉龙, 傅薇. 中国北方洼淀聚落景观空间结构研究：以白洋淀为例[J]. 风景园林, 2019, 26(8): 116-120.

[44]贺鼎, 石欣玥, 杨震. 清康乾时期白洋淀水利营建研究[J]. 干旱区资源与环境, 2020, 34(5): 93-101.

[45]安新县地方志编纂委员会. 安新县志[M]. 北京: 新华出版社, 2000.

[46]孙诗萌, 武廷海. 雄安地区人居环境之演进[J]. 城市与区域规划研究, 2018, 10(1): 109-127.

[47]石超艺. 历史时期大清河南系的变迁研究——兼谈与白洋淀湖群的演变关系[J]. 中国历史地理论丛, 2012, 27(2): 50-59.

[48]政协河北省安新县文史资料委员会. 安新县文史资料（第四辑）[M]. 1996: 98-107.

[49]中国水利史典编委会.中国水利史典·海河卷二[M]. 北京: 中国水利水电出版社，2015: 672-712.

[50]高芬. 白洋淀生态环境演变及预测[D]. 保定: 河北农业大学，2008.

[51]JUAREZ LUCAS A M，KIBLER K M. Integrated flood management in developing countries: balancing flood risk, sustainable livelihoods, and ecosystem services[J]. International Journal of River Basin Management, 2016, 14(1): 19-31.

[52]ROSSANO F. From absolute protection to controlled disaster: new perspectives on flood management in times of climate change[J]. Journal of Landscape Architecture, 2015, 10(1): 16-25.

[53]WILLEMS W J H，VAN SCHAIK H P J. Water & heritage: material, conceptual and spiritual connections[M]. Leiden: Sidestone Press, 2015.

[54]森田明. 清代水利与区域社会[M].雷国山，译. 济南: 山东画报出版社，2008: 96-122.

[55]BAAN P J A，KLIJN F. Flood risk perception and implications for flood risk management in the Netherlands[J]. International Journal of River Basin Management, 2004, 2(2): 113-122.

2 白洋淀人水关系与聚落时空演变

[1]彭艳芬. 白洋淀历史与文化[M]. 保定: 河北大学出版社，2012.

[2]潘明涛. 海河平原水环境与水利研究（1360—1945）[D]. 天津: 南开大学，2014.

[3]谭其骧. 黄河史论丛[M]. 上海: 复旦大学出版社，1986: 17-45.

[4]谭其骧. 长水集（下册）[M]. 北京: 人民出版社，1987: 55.

[5]脱脱，等. 宋史[M]. 北京: 中华书局，1990.

[6]石超艺. 明以来海河南系水环境变迁研究[D]. 上海: 复旦大学，2005.

[7]安新县地方志办公室. 白洋淀志[M]. 北京: 中国书店出版社，1996.

[8]贺鼎，田林，石欣玥. 白洋淀区域古代城市形态及其影响因素研究[J]. 世界建筑，2020(11): 110-114.

[9]左太冲. 魏都赋[M]//萧统，李善. 文选（京都下）. 影印本. 上海: 上海古籍出版社，1986: 289.

[10]杨守敬. 水经注疏[M]. 南京: 江苏古籍出版社, 1989.

[11]沈括. 梦溪笔谈[M]. 刻本. 1305（元大德九年）.

[12]顾祖禹. 读史方舆纪要（卷一〇《北直一》）[M]. 约1692（清康熙三十一年）.

[13]安新县地方志编纂委员会. 安新县志[M]. 北京: 新华出版社, 2000.

[14]王朝佐, 房循蠖等. 安州志[M]. 刻本. 1680（清康熙十九年）.

[15]庞观泉, 刘思说. 南和县志（卷2《山川》）[M]. 手抄本. 1933（民国二十二年）: 14.

[16]程民生. 北宋河北塘泺的国防与经济作用[J]. 河北学刊, 1985(5): 76-80.

[17]李凤昆, 雄县县志编纂委员会. 雄县志[M]. 北京: 中国社会科学出版社, 1992.

[18]舒懋官. 新安县志[M]. 北京: 中国大百科全书出版社, 2006.

[19]穆彰阿, 潘锡恩, 等. 大清一统志（卷一《保定府一》）[M]. 上海: 上海古籍出版社, 2008.

[20]赵尔巽, 等. 清史稿（卷五四·志二十九·地理一）[M]. 北京: 中华书局, 1977.

[21]陈仪. 直隶河渠志[M]. 海口: 海南出版社, 2001.

[22]唐执玉等, 陈仪. 畿辅通志（卷九十四）[M]. 1735（清雍正十三年）.

[23]贺鼎, 石欣玥, 杨震. 清康乾时期白洋淀水利营建研究[J]. 干旱区资源与环境, 2020, 34(5): 93-101.

[24]李诚. 从"千里长堤"兴修看清代社会权力的转移[J]. 河北大学学报（哲学社会科学版）, 2015(2): 98-102.

[25]孙冬虎. 白洋淀周围聚落发展及其定名的历史地理环境[J]. 河北师范大学学报（哲学社会科学版）, 1989(3): 106-110.

[26]张满乐. 圈头乡志[M]. 2012: 5.

3 白洋淀聚落景观结构与空间分布

[1]舒懋官. 新安县志[M]. 北京: 中国大百科全书出版社, 2006.

[2]穆彰阿, 潘锡恩, 等. 大清一统志（卷一《保定府一》）[M]. 上海: 上海古籍出版社, 2008.

[3]孙诗萌, 武廷海. 雄安地区人居环境之演进[J]. 城市与区域规划研究, 2018, 10(1): 109-127.

[4]安新县地方志办公室. 白洋淀志[M]. 北京: 中国书店出版社, 1996.

[5]安新县地方志编纂委员会. 安新县志[M]. 北京: 新华出版社, 2000.

4 白洋淀城乡聚落格局与影响因素

[1]王贵祥. 中国古代人居理念与建筑原则[M]. 北京: 中国建筑工业出版社, 2015.

[2]董鉴泓. 中国城市建设史[M].3版. 北京: 中国建筑工业出版社, 2004.

[3]刘统, 刘炳, 王应鲸. 任邱县志[M].上海书店, 1763（乾隆二十八年）.

[4]美国地理测量局（USGS）.安新、雄县、容城县地图[Z]. 美国地理测量局藏, 1970.

[5]俞孔坚, 张蕾. 黄泛平原古城镇洪涝经验及其适应性景观[J]. 城市规划学刊, 2007(5): 85-91.

[6]宋濂, 等.元史·河渠志二[M]. 1370（明洪武三年）.

[7]允裪, 等. 钦定大清会典·工部·都水清吏司[M]. 影印本. 台湾: 台湾商务印书馆, 1983.

[8]斯波义信. 中国都市史[M]. 布和, 译. 北京: 北京大学出版社, 2013.

[9]安新县地方志编纂委员会. 安新县志[M]. 北京: 新华出版社, 2000.

[10]舒懋官. 新安县志[M]. 北京: 中国大百科全书出版社, 2006.

[11]刘於义, 高斌奏. 查勘水利初次应举各工疏//中国水利史典编委会. 中国水利史典·海河卷二[M]. 北京: 中国水利水电出版社, 2015: 480.

[12]刘日光, 姚原泐. 重修任邱县志[M]. 刻本, 1680（康熙十九年）. 北京大学图书馆藏稀见方志丛刊. 北京: 国家图书馆出版社, 2013.

[13] 政协河北省安新县文史资料委员会. 安新县文史资料（第三辑）[M]. 1993: 79-85.

[14]谢国兴, 林天人. 方舆搜览——大英图书馆所藏中文历史地图[M]. 台北: 中研院台湾史研究所, 中研院数位文化中心, 2015.

5 白洋淀聚落遗产构成要素

[1]贺鼎, 陈玉龙, 傅微. 中国北方洼淀聚落景观空间结构研究：以白洋淀为例[J]. 风景园林, 2019, 26(8): 116-120.

[2]彭艳芬. 白洋淀历史与文化[M]. 保定: 河北大学出版社, 2012.

[3]安新县地方志编纂委员会. 安新县志[M]. 北京: 新华出版社, 2000.

[4]舒伟. 近代白洋淀特色经济述论[D]. 保定: 河北大学，2009.

[5]彭艳芬. 白洋淀渔业与传统渔具渔法述评[J]. 保定学院学报，2010，23(1): 132-136.

[6]眭贺. 近代白洋淀地区苇席业发展研究[D]. 石家庄: 河北师范大学，2019.

[7]李建国，李贵宝，刘芳，等. 白洋淀芦苇资源及其生态功能与利用[J]. 南水北调与水利科技，2004，2(5): 37-40.

[8]河北省文物局. 雄安新区专题报告[R]. 2018.

[9]赵峥. 端村旧话[C]//政协河北省安新县文史资料委员会. 安新县文史资料. 1992: 98-105.

[10]王朝佐，房循矱等. 安州志[M]. 刻本. 1680（清康熙十九年）.

[11]安新县地方志办公室. 白洋淀志[M]. 北京: 中国书店出版社，1996: 242.

[12]陈仪. 直隶河渠志[M]. 海口: 海南出版社，2001.

[13]陈仪，吴邦庆. 畿辅河道水利业书·水利营田图说//中国水利史典编委会. 中国水利史典·海河卷二[M]. 北京: 中国水利水电出版社，2015: 672-712.

[14]刘於义，高斌奏. 查勘水利初次应举各工疏//中国水利史典编委会. 中国水利史典·海河卷二[M]. 北京: 中国水利水电出版社，2015: 480.

[15]中国水利史典编委会. 中国水利史典·海河卷二 [M]. 北京: 中国水利水电出版社，2015: 672-712.

[16]夏成钢. 雄安地区清代皇家水猎风景地的建设[J]. 中国园林，2018，34(8): 113-120.

[17]刘统，刘炳. 任邱县志[M]. 影印本. 台北: 成文出版社有限公司，2007.

[18]曾公亮，丁度. 武经总要[M]. 1504（明弘治十七年）.

6 白洋淀聚落遗产价值评估体系

[1]彭艳芬. 白洋淀历史与文化[M]. 保定: 河北大学出版社，2012: 17-31.

[2]王紫琦，田林，赵文晨. 北方洼淀地区传统民居建筑装饰研究——以白洋淀地区为例[J]. 艺术教育，2020(10): 199-202.

[3]林源. 中国建筑遗产保护基础理论研究[D]. 西安: 西安建筑科技大学，2007.

[4]蔡蕾. 西安碑林文化遗产价值及其保护初探[D]. 西安: 西安建筑科技大学，2004.

[5]张满乐. 圈头乡志[M]. 2012: 405-406.

[6]贺鼎，窦晗天，王紫琦.雨洪适应性视角下中国北方洼淀地区传统民居建筑研究——以白洋淀区域为例[J].古建园林技术，2020(2): 66-69+74.

[7]杨开.价值与实施导向下的历史文化名村保护与发展措施——以江西省峡江县湖洲村为例[J].城市发展研究，2017，24(5): 26-34.

[8]朱晓明.试论古村落的评价标准[J].古建园林技术，2001(4): 53-55+28.

[9]王云才，郭焕成，杨丽.北京市郊区传统村落价值评价及可持续利用模式探讨——以北京市门头沟区传统村落的调查研究为例[J].地理科学，2006，26(6): 735-742.

[10]赵磊.基于遗产价值评估的"茶马古道"沿线聚落保护研究[D].昆明：云南大学，2019.

[11]李久林，储金龙，赵志远.基于特征认知与价值评价的传统聚落活化路径探究：以古徽州为例[J].现代城市研究，2019(4): 121-131.

[12]DE BOER P-T, KROESE D P, MANNOR S, et al. A tutorial on the cross-entropy method [J]. Annals of Operations Research, 2005, 134(1): 19-67.

[13]宋刚，杨昌鸣.近现代建筑遗产价值评估体系再研究[J].建筑学报，2013(S2): 198-201.

7 白洋淀聚落遗产保护策略

[1]政协河北省安新县文史资料委员会.安新县文史资料（第四辑）[M]. 1996: 95-96.

[2]贺鼎，窦晗天，王紫琦.雨洪适应性视角下中国北方洼淀地区传统民居建筑研究——以白洋淀区域为例[J].古建园林技术，2020(2): 66-69+74.

8 展望

[1]肖毅强，刘穗杰.岭南传统建筑气候空间的尺度研究[J].动感（生态城市与绿色建筑），2015(2): 73-79.

[2]张亚琦，杨锋.宁波近代传统建筑气候适应性浅析[J].山西建筑，2017，43(25): 28-29.

[3]杨涛，母俊景.地域性气候对新疆喀什民居建筑形式的影响[J].山西建筑，2009，35(24): 43-44.

[4]达娃扎西，黄凌江.西藏传统平顶民居建筑气候适应策略及其文化转意[J].华中建筑，2012，30(4): 171-174.

[5]陈全荣，李洁. 中国传统民居坡屋顶气候适应性研究[J]. 华中建筑，2013，31(4): 140-142+146.

[6]刘文具，赵志杰. 浅析大清河流域的水文特征变化对白洋淀湿地的影响[J]. 地下水，2012，34(6): 101-102.

[7]孙诗萌，武廷海. 雄安地区人居环境之演进[J]. 城市与区域规划研究，2018(1): 109-127.

附 录

附录A 白洋淀地区聚落遗产价值评估体系指标表

一级指标	二级指标	三级指标	指标释义	评分标准
聚落周边环境	自然及农业、渔业景观环境	丰富度	景观类型丰富程度,包括农、苇、渔、林、园等	每类1分,最多5分
		完整度	聚落所依存的山体、水体、植被等自然环境未受到破坏,与村落和谐共生,保存完好	5
			自然环境遭到一定程度的破坏,但与聚落关系总体协调	3
			自然环境已发生较大改变,与聚落关系遭到严重破坏	1
		关联度	聚落所拥有的农、林、牧、渔等组成的生产景观环境因白洋淀环境而产生或兴衰,受其影响非常明显	5
			部分生产景观环境依托白洋淀发展,受其影响较为明显	3
			生产景观环境与白洋淀独立存在,受其影响不太明显	1
聚落选址与空间形态	聚落选址	久远度	春秋至汉代	5
			宋元时期	3
			明清时期	1
		历史价值	村落的选址与历史事件、历史人物等具有典型的关联性,能直接反映特定历史背景,历史文化价值很高	5
			村落的选址与历史事件、历史人物等具有一定的关联性,较能直接反映历史背景,历史文化价值较高	3
			村落的选址与历史事件、历史人物等不具有关联性,不能直接反映历史背景,历史文化价值一般	1

（续表）

一级指标	二级指标	三级指标	指标释义	评分标准
聚落选址与空间形态	聚落选址	科学价值	村落的选址具有典型的地域特色或传统理念，与台田、水域、水利设施等有明显联系，科学价值很高	5
			村落的选址具有一定的地域特色或传统理念，与台田、水域、水利设施等有一定联系，科学价值较高	3
			村落的选址保持本地区普遍的传统生活特色，与台田、水域、水利设施等无明显联系，科学价值一般	1
	空间形态	关联度	聚落空间形态的产生及发展受白洋淀环境、水利工程等自然或历史因素的影响非常明显	5
			聚落空间形态的产生及发展受白洋淀环境、水利工程等自然或历史因素的影响较为明显	3
			聚落空间形态的产生及发展几乎不受外界环境的影响，与自然或历史条件无明显关联	1
		完整性	聚落保持良好的传统格局，街巷体系完整清晰	5
			聚落传统格局保存较为良好，街巷体系基本完整，空间布局不够紧凑	3
			聚落传统格局不明显，街巷体系不够完整，仅保留少量传统街巷骨架，空间布局分散	1
		丰富度	聚落空间形态非常复杂丰富，包括水源与聚落边界重合的陆村聚落、月堤型或三段型的堤垸聚落、群岛型的水村聚落	5
			聚落空间形态复杂丰富，包括复合水源型的陆村聚落、跨堤而建型或位于堤坝两侧型的堤垸聚落、双段型或串联型的水村聚落	4
			聚落空间形态较为复杂丰富，包括带状池塘型或水源与聚落边界部分重合型的陆村聚落、与堤坝单侧接触型或单段型的堤垸聚落、板块镶嵌型的水村聚落	3

（续表）

一级指标	二级指标	三级指标	指标释义	评分标准
聚落选址与空间形态	空间形态	丰富度	聚落空间形态较为简单，包括点状池塘型或水源与聚落边界不重合型的陆村聚落、与堤坝不接触型的堤埝聚落	2
			聚落空间形态非常简单，包括无直观水源型的陆村聚落	1
物质遗产	建（构）筑物遗产	文保单位最高级别	国家级	5
			省级	4
			市级	3
			县级	2
			未定级	1
		构筑物丰富度	现存历史环境要素种类丰富程度，包括堤坝、闸口、渠道、桥梁、航运码头等	每类1分，最多5分
		活态性	大部分建（构）筑物仍在使用中	5
			部分建（构）筑物仍在使用中，部分荒废	3
			绝大部分建（构）筑物都处于荒废状态	1
	历史片区	规模	历史建筑用地面积占全村建设用地面积的比例在60%以上	5
			历史建筑用地面积占全村建设用地面积的比例为30%~60%	3
			历史建筑用地面积占全村建设用地面积比例为0%~30%	1
		完整性	现存历史建筑原貌保存较好，质量较好，不协调建筑少，并且建筑功能种类较为丰富，仍有居民使用	5
			现存历史建筑部分倒塌，但"骨架"存在，部分建筑细部保存完好，不协调建筑较多，并且建筑功能种类较少	3
			现存历史建筑大部分倒塌，存留部分结构构件及细部装饰，并且建筑功能种类单一	1

（续表）

一级指标	二级指标	三级指标	指标释义	评分标准
物质遗产	历史片区	艺术美学价值	现存历史建筑所具有的造型、结构、材料、装饰等具有典型地域特色，建造工艺独特，建筑细部及装饰精美，艺术美学价值高	5
			现存历史建筑所具有的造型、结构、材料、装饰等具有本地一般特征，部分建筑具有一定装饰文化，艺术美学价值较高	3
			现存历史建筑所具有的造型、结构、材料、装饰等不具有典型地域代表性，建造与装饰仅体现当地乡土特色，艺术美学价值一般	1